中國地區
全要素生產率比較研究

蔡曉陳 著

財經錢線

前言

經濟發展是一個非線性的多重均衡過程，在不同發展階段，各類增長與發展的影響因素交替發揮著主導性作用。在發展早期階段，如何利用剩餘勞動力是主要課題；在發展中期階段，隨著剩餘勞動力紅利逐漸消失，全要素生產率逐漸成為主導性因素。

本書用發展核算方法，比較了中國 31 個省級行政區、32 個省會城市和副省級城市、其餘 300 個地級行政區的全要素生產率水準值及其排名，其中省級行政區的比較基準為北京市，地級行政區（包括省會城市和副省級城市）的比較基準為成都市。從我的閱讀經歷來看，這是發展核算方法在中國的首次應用。本書可作為教研人員參考書，也可作為政府部門、企業管理者瞭解中國不同地區全要素生產率的資料來源。

蔡曉陳

目錄

第一章　緒論 …………………………………………………（1）
　第一節　研究背景與意義 ……………………………………（1）
　　一、研究背景：科技是第一生產力 …………………………（1）
　　二、研究意義：全要素生產率與高質量發展 ………………（3）
　第二節　本書研究範圍 ………………………………………（3）

第二章　全要素生產率的含義與核算方法 …………………（5）
　第一節　全要素生產率的含義 ………………………………（5）
　　一、生產率與全要素生產率 ………………………………（5）
　　二、全要素生產率的內涵 …………………………………（6）
　第二節　發展核算 ……………………………………………（7）

第三章　省級全要素生產率比較 ……………………………（9）
　第一節　數據來源與核算結果概述 …………………………（9）
　第二節　發展核算結果比較 ………………………………（10）
　　一、東部 ……………………………………………………（10）
　　二、中部 ……………………………………………………（20）
　　三、西部 ……………………………………………………（27）
　　四、東北 ……………………………………………………（39）

第四章　省會與副省級城市全要素生產率比較 ……………(43)

第一節　數據概述 ………………………………………(43)
一、省會城市與副省級城市 …………………………(43)
二、數據處理方法 ……………………………………(43)

第二節　發展核算結果比較 ……………………………(44)
一、東部 ………………………………………………(44)
二、中部 ………………………………………………(55)
三、西部 ………………………………………………(61)
四、東北 ………………………………………………(73)

第五章　其他地級行政區全要素生產率比較 ……………(78)

第一節　地區說明 ………………………………………(78)
第二節　發展核算結果比較 ……………………………(79)
一、東部 ………………………………………………(79)
二、中部 ………………………………………………(94)
三、西部 ………………………………………………(109)
四、東北 ………………………………………………(134)

第六章　比較結論及其啟示 ………………………………(142)
參考文獻 …………………………………………………………(147)

第一章 緒論

第一節 研究背景與意義

一、研究背景：科技是第一生產力

歷次工業技術革命，對各國競爭力無不產生巨大影響。以紡織業和蒸汽機動力為代表的第一次工業革命使得人類社會進入「蒸汽機時代」，也使得英國從一個小漁村變成了世界霸主。以電力為代表的第二次工業革命使得人類社會進入「電氣時代」，也極大地提高了美、德、日等國的相對競爭力。以計算機、空間技術、原子能等為代表的第三次工業技術革命使得人類社會進入「自動化時代」，極大地提高了蘇聯的相對實力。當前正在發生的以互聯網應用為代表的第四次工業技術革命將使得人類社會進入「信息化時代」，也必將改變各國的相對實力，從目前趨勢來看，必將帶動中華民族實現偉大復興。

技術進步之所以有如此巨大的作用，乃是因為它能極大地提高生產力，提供新的產品和服務。技術進步之所以能成為各國政府重要的政策考量變量，乃是因為技術是眾多經濟社會變量中變化較快且能推動一個國家實現「彎道超車」和「蛙跳發展」的重要因素。雖然總體來看，技術具有累積性、繼承性，但是不可否認的是，有一定基礎但是技術較為落後的國家能通過佈局新一代技術實現技術上的反超。誠如馬歇爾所說，「自然沒有飛躍」，但是技術是更為容易變動的變量，技術的飛躍與跨越在理論上具有可能性，實踐上也不乏成功的先例。

改革開放之初，中國決策者就充分認識到了科技進步對經濟社會發展的巨大促進作用，做出了「科學技術是第一生產力」的論斷。1975年，鄧小平指導起草《中國科學院工作匯報提綱》時，就以馬克思「生產力中包括科學」的論述為依據，指出科學技術是生產力。1978年3月18日，全國科學大會在北京召開，鄧小平在講話中指出，腦力勞動者的絕大多數已經是無產階級自己的一部分，四個現

代化的關鍵是科學技術的現代化,並提出「科學技術是生產力」的論斷。1988年,鄧小平在同捷克斯洛伐克總統胡薩克談話時進一步指出:「馬克思說過,科學技術是生產力,事實證明這話講得很對。依我看,科學技術是第一生產力。」

「科學技術是第一生產力」這一科學有力的論斷,深刻揭示了科學技術在社會經濟發展中的地位和作用,豐富和發展了馬克思主義的生產力學說,給中國的科技體制改革發展提供了強大的理論動力,點燃了中國科技創新的聖火,也給中國的社會主義現代化建設指明了方向。1985年全國科技工作會議提出改革科技體制;1985年中國科技體制改革的第一計劃——「星火計劃」誕生;1995年全國科技大會提出「科教興國」戰略;1999年全國技術創新大會提出進一步實施科教興國戰略,建設國家知識創新體系,加速科技成果向現實生產力轉化;2006年全國科技大會提出要建設創新型國家,發布了《國家中長期科學和技術發展規劃綱要》;2012年7月,中共中央、國務院在北京舉行了全國科技創新大會,大會全面部署了《關於深化科技體制改革 加快國家創新體系建設的意見》。2016年5月30日召開的全國科技創新大會提出:大力實施科教興國戰略和人才強國戰略,堅持自主創新、重點跨越、支撐發展、引領未來的指導方針,全面落實國家中長期科學和技術發展規劃綱要,以提高自主創新能力為核心,以促進科技與經濟社會發展緊密結合為重點,進一步深化科技體制改革,著力解決制約科技創新的突出問題,充分發揮科技在轉變經濟發展方式和調整經濟結構中的支撐引領作用,加快建設國家創新體系,為全面建成小康社會進而建設世界科技強國奠定堅實基礎。正是由於極為重視科學技術創新,中國的研發投入突飛猛進,研發投入強度早已於2013年達到了發達國家平均2%的水準(見圖1-1)。

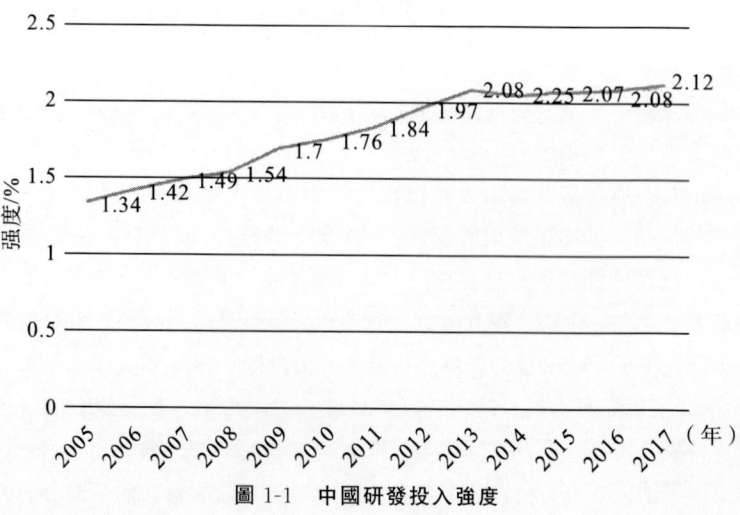

圖1-1 中國研發投入強度

二、研究意義：全要素生產率與高質量發展

對中國社會主要矛盾的科學判斷，並據此確定黨和國家的工作重點任務和奮鬥目標，歷來都是我黨推進中國特色社會主義事業不斷前進的基礎和前提，體現了我黨實事求是的哲學基礎與重要思想方法。1981 年，《關於建國以來黨的若干歷史問題的決議》寫道：「在社會主義改造基本完成以後，中國所要解決的主要矛盾，是人民日益增長的物質文化需要同落後的社會生產之間的矛盾。」這一表述正確認識和把握了改革開放新時期中國社會的主要矛盾，成為我們一貫的表述，從黨的十三大報告到黨的十八大報告都是如此。2017 年 10 月 18 日，黨的十九大報告提出，中國特色社會主義進入了新時代，中國社會主要矛盾已經轉化為人民日益增長的美好生活需要和不平衡不充分的發展之間的矛盾。社會主要矛盾的變化標誌著中國特色社會主義取得了重大歷史性成就，解決了 14 億人口的溫飽問題，總體上實現小康，反應了人民的需要不斷拓展和提升、經濟社會不斷發展，也反應了人民的美好生活需要日益廣泛，不僅對物質文化生活提出了更高要求，而且在民主、法治、公平、正義、安全、環境等方面的要求日益增長。

黨的十九大報告還指出，中國經濟由高速增長階段轉向高質量發展階段。高質量發展階段這一表述是繼 2014 年 11 月「新常態」這個發展階段表述後的又一新表述。高質量發展階段是對新常態的繼承與具體化。高質量發展這一新概念被提出後，眾多學者對它的內涵、特徵尤其是實現路徑做了眾多研究，目前一個基本共識是：以提高全要素生產率推動高質量發展。

實際上，「全要素生產率」這一不為普通公眾所熟悉的經濟學專業詞彙，早在 2015 年 3 月李克強所做的政府工作報告中就被首次提出。此後，習近平同志的多次講話、多次中央經濟工作會議乃至政府規劃均提到了全要素生產率。從國家領導人和政府文件中提及的全要素生產率概念的時間軸可以看出，提升全要素生產率的理念貫穿於中國整體經濟、信息產業、農業乃至人才培養等不同的方面，將在中國經濟社會生活中起到重要的指揮棒作用。

第二節　本書研究範圍

本書核心研究課題是中國各地區全要素生產率比較，涵蓋省級（一級行政

區，包括22個省、4個直轄市和5個自治區）、地級（二級行政區）兩個層面，樣本數據均不包括中國香港、澳門和臺灣這三個一級行政區。二級行政區包括地級市、盟和自治州，共計332個。

　　本書研究問題為中國各地區全要素生產率水準值的差異。在研究的時間範圍方面，省級地區全要素生產率的分析為1978－2017年，地級全要素生產率的分析為1999－2017年。存在時間界限的差異，主要是考慮到了數據的可獲得性。在地級層面上，1999年之前的很多數據是不可獲得的，而且地級行政區劃變動較多，這進一步加大了獲得1999年之前的地級層面數據的難度。

第二章　全要素生產率的含義與核算方法

第一節　全要素生產率的含義

一、生產率與全要素生產率

籠統來講，所謂生產率，是指產出與投入之比。直觀上來講，同樣多的投入能生產更多產出者生產率更高，或者生產同樣產出的投入更少者生產率更高。但是不幸的是，我們遇到的問題中往往沒有這種「同樣的投入」和「同樣的產出」，我們遇到的現實問題往往是投入和產出都是不同的。因此，我們需要找到一個比較的基準，即求出產出與投入的比值，也就是求出平均來講每一單位投入的產出值。

當只用一種投入生產一種產出時，用產出與投入之比來衡量生產率是準確無誤的，因為這種計算度量出了這種要素的所有貢獻，乃至刻畫了導致這種單一產出增加的全部原因。但是，當用多種投入來生產一種產出時，例如，農民用勞動和土地兩種投入生產糧食，仍然用上述方式來計算生產率，即用產出除以投入，就不那麼好操作了。首先，第一個問題就是，現在有兩種甚至更多種投入，產出（如果只有一種的話）除以哪一種投入呢？實際上，產出除以任一要素投入如勞動投入都是可以的，但是這時候計算出來的是偏生產率或單要素生產率（科埃利，2008）。偏要素生產率或單要素生產率也是我們常用的分析工具，如勞動生產率會用於很多微觀與宏觀問題的分析，而且勞動生產率的短期週期性行為與全要素生產率非常類似。但是，從概念上講，偏要素生產率有一個問題，那就是我們計算出來的比如勞動生產率，並不能反應勞動這種要素的貢獻。就像數學求導一樣，偏導數的值取決於其他變量的取值，勞動生產率

的大小可能反應的是資本的作用。

由此導致的用產出與投入比來度量生產率的第二個問題就是：如果我們想要要素的全部貢獻，在多投入的情況下，需要把不同類型的投入進行某種加總平均，這樣計算出來的生產率就不會出現與上面那種偏要素生產率類似的不能反應要素貢獻的情況。這種將不同類型要素投入加總平均計算總的或綜合的投入水準，以此去除產出，計算出來的就是全要素生產率。但是，如何加總平均呢？這顯然涉及很多計算的技術細節。

二、全要素生產率的內涵

從上文的分析中我們也知道了全要素生產率的本質含義：將所有要素投入加總起來，看成是綜合的或者全部的投入要素，全要素生產率就是考察這種綜合的或全部的生產要素的生產效率問題。這實際上也是全要素生產率名稱的來源。

從全要素生產率的測量方法來看，全要素生產率實際上是包括了除資本與勞動這兩種要素外所有其他能影響勞均產出或經濟增長的因素。全要素生產率實際上是一個非常含混的概念，包括了很多具體的內容。那麼，全要素生產率到底包括哪些具體因素呢？

首先，最容易想到的應該是全要素生產率包括了技術進步。全要素生產率的這種含義在經濟學文獻以及一些公開報導中是最為常見的，乃至在經濟增長理論文獻中，全要素生產率與技術進步具有同等含義。但是我們需要記住的是，經濟學家們尤其是研究經濟增長的經濟學家們並不認為全要素生產率就是技術進步，有時在技術進步與全要素生產率之間畫等號，是因為在理論文獻中這種區分有時沒必要甚至沒可能。此外，全要素生產率中技術進步這一構成部分具有特別的含義：其一，它是全要素生產率中最活躍、變動最大的部分；其二，技術進步的程度決定了其他構成部分尤其是效率的變動範圍。

其次，全要素生產率中還應該包括效率改進這一部分。效率改進可能來自宏觀社會管理的進步，這使得更多資源被用於生產性活動；也可能來自企業微觀管理的進步，這導致企業更為高效地進行生產。許多經濟理論文獻發現，效率改進對全要素生產率的貢獻比技術進步還大。當然，如果是依賴實證證據做出這一結論，需要對全要素生產率進行分解，至少分解為純技術與效率兩部分。需要注意的是，在有些文獻中，如隨機前沿分析的實證研究文獻中，「效率」實際上是指我們這裡說的全要素生產率。而我們這裡說的效率是指在同樣的技術和投入要素情況下產出的不同，也就是生產可能性邊界既定，有的單位

位於生產可能性邊界上（最有效），有的單位位於生產可能性邊界之內的不同位置，或者說資源未能被有效利用。哪些具體原因會阻礙生產位於生產可能性邊界上呢？其一是非生產性活動，也就是社會資源被浪費在沒有實際投入生產的很多活動中；其二是資源未能充分利用，如「怠工」、失業、產能過剩等。

再次，全要素生產率中會包括結構變化。這是一種來自發展經濟學家的觀點，其根源在於發展經濟學早期的「結構主義」學派。早期的結構主義學派認為，經濟社會結構變化會導致經濟發展。結構提高全要素生產率的觀點為早期的結構導致發展的觀點提供了一個具體的解釋機制。結構變化提高全要素生產率的邏輯相當簡單，當生產要素從低生產率部門或行業撤出並轉移到高生產率部門或行業時，投入沒變，產出增加，從而全要素生產率提高。

再其次，全要素生產率包括其他要素的價格變化帶來的影響。雖然全要素生產率冠名「全部要素」，但是在我們實際的測量中，並不可能包括生產過程中使用的所有投入要素，其原因在於數據的可獲得性並不支持我們這麼做。通常情況是我們只能勉強有勞動投入、資本投入的數據可用，而且勞動投入與資本投入的測量本身也會有相當大的誤差。生產過程中被使用的能源、信息以及其他中間投入，常常不在我們的考慮範圍之內。當這種情況出現時，如果某種要素比如能源的價格上升，從企業角度來看，能源相對價格更貴了，因此在給定產出情況下，需要重新調整投入要素的組合，比如會雇傭更多的勞動力或使用更多的資本投入。由於計算全要素生產率時，投入要素中沒有考慮能源，而只是考慮了資本和勞動，因此我們計算出來的全要素生產率必定是下降了的。

最後，全要素生產率包括運氣好壞的成分。在經濟發展過程中，諸如歷史背景、地理位置、氣候與自然資源等運氣因素有時也是相當重要的，因為它們會影響全要素生產率。歷史背景會通過制度遺產對社會發展的進程與全要素生產率產生廣泛的影響。地理位置的好壞會影響到貿易成本從而影響全要素生產率。氣候與自然資源有時候就是生產過程中投入要素的一部分，比如農業生產本身就非常依賴土地與氣候條件。

第二節　發展核算

發展核算（Development Accounting）的目的是解釋勞動生產率差異，即考察地區間勞動生產率差異有多少是勞均資本差異所致，有多少是全要素生產率差異引起的。進行發展核算時，實際上得到的是任一地區與比較基準地區全

要素生產率比值。令生產函數為柯布—道格拉斯型：

$$Y = AK^{\alpha}L^{1-\alpha} \tag{2-1}$$

其中，Y 為實際產出，K 為資本存量（資本投入），L 為勞動投入。地區 1 和地區 2 的生產函數分別為：

$$Y_1 = A_1 K_1^{a_1} L_1^{1-a_1} \tag{2-2}$$

$$Y_2 = A_2 K_2^{a_2} L_2^{1-a_2} \tag{2-3}$$

兩個地區生產率的比值為：

$$\frac{A_1}{A_2} = \frac{\dfrac{Y_1}{K_1^{a_1} L_1^{1-a_1}}}{\dfrac{Y_2}{K_2^{a_2} L_2^{1-a_2}}} = \frac{Y_1}{Y_2} \frac{K_2^{a_2} L_2^{1-a_2}}{K_1^{a_1} L_1^{1-a_1}} \tag{2-4}$$

第三章　省級全要素生產率比較

第一節　數據來源與核算結果概述

本章的數據主要來源於《新中國六十年統計資料匯編》《中國國內生產總值核算歷史資料（1952－1995）》《中國國內生產總值核算歷史資料（1952－2004）》和近年 31 個省份的統計年鑒，樣本區間為 1978－2017 年。不變價產出（GDP）用 1978 年 GDP 以及隨後各年 GDP 指數計算得到，勞動投入為各地區年末全社會就業人數。勞動者報酬份額按照如下簡單公式計算：

勞動者報酬份額＝勞動者報酬/（勞動者報酬＋固定資產折舊＋營業盈餘）

部分缺失數據通過各省份統計年鑒、取相鄰兩年均值或估算方式補齊。資本投入以永續盤存法（PIM）計算，其中折舊率取值 8%。

四大區域發展核算結果比較見表 3-1，東部地區平均（東部區域十個省、市發展核算全要素生產率算術平均值）全要素生產率 1978 年為 0.555，2017 年為 0.925，表明東部地區間生產率變得更為平均了。四個地區生產率差異在改革開放 40 年間逐漸縮小，其中中部和西部地區相對全要素生產率普遍提升，西北地區相對全要素生產率先升後降，在 1978 年為 0.519，1992 年為 1.019，而在 2017 年又下降到 0.666。各地區與東部均值之比也證實了這一結論：中部地區全要素生產率在 1978 年僅為東部地區的 39%，爾後逐步上升到東部地區的 60% 以上；西部地區全要素生產率在 1978 年僅為東部地區的 36%，爾後逐步上升到東部地區的 55%，東北三省 1978 年全要素生產率和東部地區相差不大，但是隨後 40 年間逐步下降到僅為東部地區的 72%。

表 3-1　不同區域發展核算比較

年份	東部 生產率均值	東部 與東部均值之比	中部 生產率均值	中部 與東部均值之比	西部 生產率均值	西部 與東部均值之比	東北 生產率均值	東北 與東部均值之比
1978	0.555	1	0.219	0.394	0.199	0.359	0.519	0.935
1992	1.149	1	0.623	0.542	0.603	0.525	1.019	0.886
2008	0.970	1	0.579	0.597	0.509	0.525	0.826	0.852
2017	0.925	1	0.567	0.613	0.511	0.553	0.666	0.719

第二節　發展核算結果比較

一、東部

（一）北京市

北京市作為勞均產出、要素數量、生產率的相對標準，相對數據均為1（表3-2中均未列出）。在相對生產率排名方面，1978－1990年排名逐步從第2降至第5，1991－2008年排名維持在6～8名，2009－2017年排名重新回到2～5名。見表3-2。

表 3-2　北京發展核算

年份	相對生產率排名	年份	相對生產率排名	年份	相對生產率排名	年份	相對生產率排名
1978	2	1988	5	1998	7	2008	6
1979	2	1989	5	1999	7	2009	4
1980	2	1990	5	2000	7	2010	5
1981	2	1991	6	2001	7	2011	5
1982	2	1992	8	2002	7	2012	3
1983	2	1993	8	2003	7	2013	2
1984	2	1994	8	2004	8	2014	2
1985	2	1995	7	2005	7	2015	2
1986	3	1996	7	2006	7	2016	4
1987	5	1997	7	2007	7	2017	4

(二) 天津市

天津市勞均產出在1978－2003年一直低於1，即低於北京，但2004－2017年勞均產出高於北京市，2017年達到了北京的1.59倍。1978－1984年天津市勞均資本存量略高於北京市10%～30%，1985－1998年勞均資本存量逐漸低至0.628倍，從1999年開始上升趨勢，2006年後逐步高於北京市20%～70%。相對全要素生產率方面，1978－1986年從0.665上升至0.948倍，1987－2011年高於北京市，最高時達到北京市的1.371倍（1997年），2012－2017年略低於北京市，維持在0.9倍左右。相對生產率排名方面，天津市在1978－2017年維持在2～5名之內，2013年時列第6名。見表3-3。

表3-3　天津市發展核算[①]

年份	產出	要素	生產率	排名	年份	產出	要素	生產率	排名
1978	0.920	1.384	0.665	3	1998	0.843	0.628	1.342	3
1979	0.941	1.310	0.719	3	1999	0.837	0.633	1.322	3
1980	0.919	1.190	0.772	3	2000	0.873	0.679	1.286	3
1981	0.977	1.103	0.886	3	2001	0.895	0.695	1.288	3
1982	0.975	1.075	0.907	3	2002	0.958	0.742	1.292	3
1983	0.904	1.092	0.827	3	2003	0.990	0.792	1.250	3
1984	0.901	1.107	0.814	3	2004	1.186	0.912	1.301	3
1985	0.916	0.998	0.918	4	2005	1.211	0.957	1.265	3
1986	0.886	0.934	0.948	4	2006	1.243	1.010	1.231	3
1987	0.874	0.866	1.009	4	2007	1.177	1.022	1.151	4
1988	0.835	0.786	1.062	4	2008	1.242	1.182	1.051	4
1989	0.818	0.733	1.117	4	2009	1.278	1.230	1.039	2
1990	0.858	0.734	1.170	2	2010	1.828	1.513	1.208	2
1991	0.821	0.684	1.200	2	2011	1.392	1.363	1.022	3
1992	0.839	0.685	1.226	3	2012	1.448	1.493	0.969	5
1993	0.785	0.690	1.138	4	2013	1.477	1.595	0.926	6
1994	0.815	0.696	1.172	5	2014	1.484	1.628	0.911	5

[①] 表中「產出」是指勞均產出，「要素」是指相對勞均資本存量，「生產率」是指發展核算相對生產率，「排名」是指相對生產率排名。本章以下各表同。

表3-3(續)

年份	產出	要素	生產率	排名	年份	產出	要素	生產率	排名
1995	0.834	0.670	1.246	4	2015	1.521	1.774	0.858	5
1996	0.872	0.654	1.333	3	2016	1.589	1.747	0.910	5
1997	0.885	0.645	1.371	3	2017	1.590	1.669	0.953	5

（三）河北省

河北省勞均產出一直低於1，但相對勞均產出逐漸提高，2017年達到了北京市的0.561倍。1978－1981年河北省勞均資本存量略高於北京市，但是1982年之後逐步低於北京市20％～60％。相對全要素生產率方面，1978－1992年從0.305逐漸上升至0.875倍，最高時達到了北京市的0.875倍（1992年），1993－2017年從0.803逐漸下降至0.632倍。相對生產率排名方面，1978－2017年均維持在10～15名內，2004年列第16名。見表3-4。

表3-4　河北省發展核算

年份	產出	要素	生產率	排名	年份	產出	要素	生產率	排名
1978	0.354	1.162	0.305	10	1998	0.351	0.442	0.794	14
1979	0.358	1.123	0.319	10	1999	0.350	0.452	0.775	14
1980	0.333	1.070	0.311	13	2000	0.339	0.450	0.754	14
1981	0.345	1.028	0.335	13	2001	0.340	0.455	0.748	14
1982	0.362	0.973	0.372	12	2002	0.357	0.475	0.752	14
1983	0.337	0.975	0.346	14	2003	0.362	0.479	0.756	15
1984	0.325	0.886	0.367	15	2004	0.431	0.542	0.796	16
1985	0.340	0.777	0.438	11	2005	0.439	0.562	0.782	15
1986	0.326	0.662	0.492	12	2006	0.458	0.587	0.780	15
1987	0.324	0.568	0.570	12	2007	0.453	0.598	0.758	14
1988	0.318	0.494	0.644	12	2008	0.470	0.670	0.701	12
1989	0.323	0.452	0.714	10	2009	0.468	0.682	0.686	13
1990	0.332	0.438	0.757	11	2010	0.482	0.683	0.706	11
1991	0.329	0.442	0.746	12	2011	0.504	0.740	0.682	12
1992	0.343	0.392	0.875	12	2012	0.515	0.789	0.653	13

表3-4(續)

年份	產出	要素	生產率	排名	年份	產出	要素	生產率	排名
1993	0.342	0.426	0.803	13	2013	0.521	0.813	0.641	13
1994	0.360	0.474	0.759	15	2014	0.522	0.846	0.617	14
1995	0.361	0.467	0.774	14	2015	0.533	0.903	0.591	13
1996	0.367	0.446	0.824	14	2016	0.547	0.883	0.620	14
1997	0.372	0.449	0.830	14	2017	0.561	0.888	0.632	14

（四）上海市

上海市勞均產出一直高於1，且相對勞均產出逐漸提高，2003年後超過了北京市2倍。2000之前，上海市勞均資本存量略低於北京市，但是2000年之後逐步高出北京市20%~30%。相對全要素生產率方面，上海市一直是北京市的1.6倍以上，最高時達到了北京市的2.124倍（1992年）。相對生產率排名方面，上海市除了在1993－2005年排名第2外，其餘年份均排名第1。見表3-5。

表3-5　上海市發展核算

年份	產出	要素	生產率	排名	年份	產出	要素	生產率	排名
1978	1.594	0.956	1.667	1	1998	1.750	0.973	1.798	2
1979	1.620	0.944	1.716	1	1999	1.789	0.988	1.810	2
1980	1.577	0.923	1.709	1	2000	1.754	0.989	1.774	2
1981	1.722	0.924	1.864	1	2001	1.861	1.007	1.848	2
1982	1.766	0.957	1.845	1	2002	1.989	1.035	1.921	2
1983	1.676	1.050	1.596	1	2003	2.002	1.080	1.854	2
1984	1.603	1.077	1.488	1	2004	2.366	1.229	1.926	2
1985	1.691	1.040	1.626	1	2005	2.372	1.240	1.913	2
1986	1.637	0.972	1.684	1	2006	2.131	1.161	1.836	1
1987	1.616	0.913	1.769	1	2007	2.428	1.276	1.903	1
1988	1.580	0.856	1.845	1	2008	2.195	1.331	1.648	1
1989	1.599	0.830	1.926	1	2009	2.171	1.311	1.657	1
1990	1.655	0.827	2.001	1	2010	2.190	1.308	1.674	1
1991	1.610	0.791	2.035	1	2011	2.245	1.312	1.711	1

表3-5(續)

年份	產出	要素	生產率	排名	年份	產出	要素	生產率	排名
1992	1.682	0.792	2.124	1	2012	2.295	1.328	1.727	1
1993	1.709	0.829	2.062	2	2013	2.320	1.336	1.736	1
1994	1.816	0.875	2.076	2	2014	1.953	1.177	1.660	1
1995	1.837	0.876	2.097	2	2015	2.010	1.249	1.609	1
1996	1.769	0.886	1.996	2	2016	2.064	1.219	1.693	1
1997	1.818	0.958	1.898	2	2017	2.101	1.228	1.711	1

(五) 江蘇省

江蘇省勞均產出在1978－2011年一直低於北京市，但在2012年後逐漸上升並超過北京市，2017年達到了北京市的1.242倍。2010年之前，江蘇省勞均資本存量略低於北京市，但在2011年之後逐步高出北京市10%～50%。相對全要素生產率方面，1978－1992年從0.435逐漸上升至0.941倍，1993－2015年維持在0.9倍左右，2016年、2017年高於北京市，最高時達到了北京市的1.031倍（2017年）。相對生產率排名方面，1978－2007年維持在6～10名，2008－2017年名次逐漸從第7名上升至第2名。見表3-6。

表3-6 江蘇省發展核算

年份	產出	要素	生產率	排名	年份	產出	要素	生產率	排名
1978	0.366	0.842	0.435	6	1998	0.530	0.560	0.947	8
1979	0.398	0.920	0.433	6	1999	0.527	0.570	0.925	9
1980	0.376	0.818	0.460	7	2000	0.522	0.577	0.905	9
1981	0.429	0.814	0.527	7	2001	0.522	0.586	0.892	10
1982	0.447	0.819	0.545	7	2002	0.548	0.616	0.890	10
1983	0.435	0.867	0.502	7	2003	0.589	0.645	0.913	10
1984	0.418	0.848	0.493	7	2004	0.725	0.774	0.937	10
1985	0.445	0.772	0.576	7	2005	0.741	0.810	0.915	10
1986	0.448	0.717	0.625	6	2006	0.792	0.816	0.970	8
1987	0.459	0.607	0.756	6	2007	0.770	0.825	0.933	9
1988	0.479	0.583	0.822	6	2008	0.845	0.971	0.870	7

表3-6(續)

年份	產出	要素	生產率	排名	年份	產出	要素	生產率	排名
1989	0.476	0.553	0.861	6	2009	0.881	0.943	0.934	7
1990	0.418	0.522	0.800	8	2010	0.923	0.978	0.943	6
1991	0.412	0.476	0.865	8	2011	0.983	1.019	0.965	6
1992	0.471	0.501	0.941	9	2012	1.040	1.094	0.951	6
1993	0.484	0.505	0.958	10	2013	1.090	1.154	0.945	4
1994	0.521	0.547	0.953	10	2014	1.120	1.139	0.983	4
1995	0.535	0.552	0.968	8	2015	1.166	1.221	0.955	3
1996	0.545	0.554	0.984	8	2016	1.212	1.192	1.016	2
1997	0.554	0.564	0.982	9	2017	1.242	1.206	1.031	2

(六) 浙江省

浙江省勞均產出方面，1978－2017年一直穩步提升，從0.281逐步提升到0.793。相對勞均資本存量方面，從改革開放之初的0.7左右逐步下滑到1993年的0.188，此後逐步上升，至2017年為0.893。相對生產率排名方面，浙江省總體非常靠前但是波動較大，改革開放之初位於4～7名，此後排名上升，1993－2005年長期維持在首位，此後有所下滑，但也位於6～7名。見表3-7。

表 3-7 浙江省發展核算

年份	產出	要素	生產率	排名	年份	產出	要素	生產率	排名
1978	0.281	0.669	0.420	7	1998	0.515	0.226	2.279	1
1979	0.303	0.716	0.423	7	1999	0.507	0.231	2.200	1
1980	0.320	0.587	0.545	6	2000	0.491	0.243	2.023	1
1981	0.360	0.531	0.678	5	2001	0.486	0.243	2.004	1
1982	0.377	0.550	0.686	5	2002	0.514	0.252	2.042	1
1983	0.341	0.471	0.723	4	2003	0.538	0.261	2.064	1
1984	0.339	0.439	0.771	4	2004	0.643	0.298	2.156	1
1985	0.375	0.386	0.970	3	2005	0.638	0.313	2.043	1
1986	0.382	0.351	1.090	2	2006	0.660	0.406	1.627	2
1987	0.385	0.317	1.216	2	2007	0.630	0.458	1.373	2

表3-7(續)

年份	產出	要素	生產率	排名	年份	產出	要素	生產率	排名
1988	0.374	0.294	1.272	2	2008	0.647	0.606	1.068	2
1989	0.359	0.280	1.284	2	2009	0.632	0.660	0.958	6
1990	0.370	0.355	1.040	4	2010	0.655	0.697	0.940	7
1991	0.397	0.332	1.196	3	2011	0.677	0.740	0.916	7
1992	0.431	0.321	1.343	2	2012	0.700	0.808	0.866	7
1993	0.452	0.188	2.404	1	2013	0.721	0.807	0.893	7
1994	0.498	0.209	2.379	1	2014	0.732	0.840	0.871	7
1995	0.523	0.210	2.496	1	2015	0.754	0.895	0.843	6
1996	0.535	0.209	2.565	1	2016	0.776	0.878	0.883	6
1997	0.541	0.226	2.389	1	2017	0.793	0.893	0.888	6

(七)福建省

福建省勞均產出一直低於北京市，但相對勞均產出逐漸提高，2017年達到了北京市的0.641倍。1978—1984年福建省勞均資本存量略高於北京市，1985—2017年勞均資本存量一直低於北京市20%～60%。相對全要素生產率方面，1978—1992年從0.223上升至0.890倍，1993—2007年高於北京市，最高達到1.238倍（1997年），2008年開始滑落至2017年的0.726倍。相對生產率排名方面，1978—1988年維持在17～20名內，1989—1994年從第13名逐漸上升至第4名，1995—2002年維持在第5名，2003—2017年排名逐漸從第6名下降至第9名。見表3-8。

表3-8 福建省發展核算

年份	產出	要素	生產率	排名	年份	產出	要素	生產率	排名
1978	0.293	1.314	0.223	19	1998	0.450	0.376	1.196	5
1979	0.289	1.263	0.229	20	1999	0.444	0.379	1.169	5
1980	0.312	1.183	0.264	17	2000	0.430	0.371	1.158	5
1981	0.368	1.127	0.327	16	2001	0.425	0.376	1.131	5
1982	0.382	1.089	0.351	17	2002	0.440	0.392	1.124	5
1983	0.350	1.090	0.321	17	2003	0.446	0.396	1.125	6

表3-8(續)

年份	產出	要素	生產率	排名	年份	產出	要素	生產率	排名
1984	0.339	1.008	0.337	17	2004	0.515	0.431	1.196	5
1985	0.358	0.885	0.404	17	2005	0.511	0.448	1.140	6
1986	0.343	0.765	0.448	18	2006	0.522	0.485	1.077	6
1987	0.346	0.672	0.514	18	2007	0.521	0.520	1.002	6
1988	0.341	0.597	0.571	17	2008	0.544	0.633	0.859	8
1989	0.352	0.520	0.678	13	2009	0.541	0.665	0.813	8
1990	0.367	0.495	0.741	11	2010	0.558	0.700	0.798	8
1991	0.362	0.447	0.809	10	2011	0.548	0.721	0.760	9
1992	0.386	0.434	0.890	10	2012	0.562	0.769	0.731	8
1993	0.398	0.396	1.005	7	2013	0.600	0.810	0.741	8
1994	0.438	0.364	1.203	4	2014	0.601	0.813	0.740	8
1995	0.444	0.377	1.179	5	2015	0.601	0.859	0.700	8
1996	0.458	0.373	1.229	5	2016	0.621	0.843	0.738	8
1997	0.470	0.380	1.238	5	2017	0.641	0.883	0.726	9

(八) 山東省

山東省勞均產出一直低於北京市,但相對勞均產出逐漸提高,2017年達到了北京市的0.687倍。1978－2014年山東省勞均資本存量一直低於北京市20%～60%,2015－2017年勞均資本存量略高於北京市。相對全要素生產率方面,1978－1994年從0.331逐漸上升至0.897,最高時達到了北京市的0.897倍(1994年),1995－2007年維持在0.8倍左右,2007－2017年逐漸下降至0.685倍。相對生產率排名方面,1978－1980年第9名,1981－2017年維持在10～16名內。見表3-9。

表3-9 山東省發展核算

年份	產出	要素	生產率	排名	年份	產出	要素	生產率	排名
1978	0.310	0.935	0.331	9	1998	0.343	0.412	0.832	12
1979	0.314	0.957	0.328	9	1999	0.339	0.413	0.820	12
1980	0.314	0.943	0.333	9	2000	0.330	0.415	0.795	12

表3-9(續)

年份	產出	要素	生產率	排名	年份	產出	要素	生產率	排名
1981	0.344	0.955	0.361	11	2001	0.331	0.421	0.786	12
1982	0.364	0.895	0.407	11	2002	0.352	0.441	0.796	13
1983	0.317	0.926	0.342	16	2003	0.366	0.452	0.809	13
1984	0.340	0.880	0.386	11	2004	0.442	0.518	0.854	13
1985	0.355	0.878	0.404	16	2005	0.457	0.551	0.828	13
1986	0.345	0.732	0.471	15	2006	0.477	0.585	0.814	12
1987	0.351	0.637	0.552	14	2007	0.478	0.607	0.786	12
1988	0.342	0.560	0.610	13	2008	0.501	0.729	0.688	13
1989	0.342	0.507	0.674	14	2009	0.511	0.732	0.698	12
1990	0.352	0.502	0.700	14	2010	0.528	0.784	0.674	13
1991	0.355	0.462	0.767	12	2011	0.555	0.842	0.658	14
1992	0.374	0.428	0.875	11	2012	0.579	0.926	0.625	15
1993	0.383	0.440	0.871	11	2013	0.604	0.974	0.621	14
1994	0.413	0.460	0.897	11	2014	0.618	0.994	0.622	13
1995	0.354	0.416	0.851	11	2015	0.638	1.040	0.613	10
1996	0.360	0.408	0.881	11	2016	0.659	1.025	0.643	10
1997	0.361	0.417	0.866	13	2017	0.687	1.003	0.685	10

(九) 廣東省

廣東省勞均產出一直低於北京市，但相對勞均產出逐漸提高，2017年達到了北京市的0.827倍。1978－1984年廣東省勞均資本存量高於北京市10%～40%，1985－2017年廣東省勞均資本存量低於北京市20%～50%。相對全要素生產率方面，1978－1990年從0.247逐漸增加至0.961倍，1991－2012年略高於北京市，最高時達到了北京市的1.315倍（1995年）。2013－2015年略低於北京市至0.949倍，2016年、2017年略高於北京市至1.014倍。相對生產率排名方面，1978－1995年，從第16名逐步上升至第3名，1996－2006年排名維持在3～5名，2004年排名第6名，2007－2017年維持在2～4名左右。見表3-10。

表 3-10 廣東省發展核算

年份	產出	要素	生產率	排名	年份	產出	要素	生產率	排名
1978	0.333	1.349	0.247	16	1998	0.595	0.487	1.222	4
1979	0.345	1.292	0.267	16	1999	0.586	0.485	1.208	4
1980	0.360	1.196	0.301	14	2000	0.557	0.479	1.163	4
1981	0.407	1.161	0.351	12	2001	0.556	0.485	1.145	4
1982	0.427	1.149	0.372	13	2002	0.608	0.517	1.176	4
1983	0.398	1.159	0.344	15	2003	0.592	0.517	1.145	4
1984	0.385	1.042	0.369	14	2004	0.667	0.569	1.172	6
1985	0.411	0.955	0.430	12	2005	0.708	0.610	1.160	5
1986	0.421	0.810	0.520	10	2006	0.676	0.588	1.149	5
1987	0.450	0.695	0.647	8	2007	0.675	0.585	1.154	3
1988	0.452	0.614	0.736	8	2008	0.692	0.670	1.032	4
1989	0.464	0.542	0.856	7	2009	0.688	0.680	1.013	3
1990	0.507	0.528	0.961	6	2010	0.752	0.702	1.071	3
1991	0.525	0.494	1.064	5	2011	0.725	0.695	1.044	2
1992	0.571	0.489	1.169	4	2012	0.753	0.737	1.022	2
1993	0.596	0.486	1.225	3	2013	0.762	0.763	0.999	3
1994	0.650	0.511	1.272	3	2014	0.768	0.773	0.993	3
1995	0.660	0.502	1.315	3	2015	0.791	0.833	0.949	4
1996	0.648	0.500	1.295	4	2016	0.811	0.808	1.004	3
1997	0.637	0.496	1.283	4	2017	0.827	0.816	1.014	3

（十）海南省

海南省勞均產出一直低於北京市，但相對勞均產出逐漸提高，2017年達到了北京市的0.451倍。1978－1984年海南省勞均資本存量高於北京市10％～20％，1985－2001年海南省勞均資本存量逐漸降低至0.384倍，2002－2017年勞均資本存量逐漸增加至0.731倍。相對全要素生產率方面，1978－1991年從0.260逐漸增加至0.660倍，1992－1994年略高於北京市，最高時達到了北京市的1.072倍（1993年），1995－2017逐漸低於北京市，從0.947至0.617倍。相對生產率排名方面，1978年第14名，1979－1991年維持在17～20名，1992－1994上升至第6～7名，1995－2010年維持在8～10名，2011－2017年從第8名掉落至第16名。見表3-11。

表 3-11　海南省發展核算

年份	產出	要素	生產率	排名	年份	產出	要素	生產率	排名
1978	0.302	1.162	0.260	14	1998	0.378	0.412	0.917	10
1979	0.295	1.197	0.246	17	1999	0.369	0.402	0.917	10
1980	0.270	1.159	0.233	20	2000	0.353	0.391	0.902	10
1981	0.309	1.027	0.301	18	2001	0.349	0.384	0.908	9
1982	0.365	1.094	0.334	18	2002	0.357	0.392	0.912	9
1983	0.334	1.099	0.304	18	2003	0.358	0.389	0.920	9
1984	0.327	1.010	0.324	18	2004	0.415	0.422	0.982	9
1985	0.332	0.916	0.362	19	2005	0.405	0.420	0.965	9
1986	0.329	0.840	0.391	20	2006	0.416	0.437	0.952	10
1987	0.333	0.747	0.445	19	2007	0.421	0.450	0.937	8
1988	0.313	0.609	0.514	19	2008	0.428	0.545	0.785	9
1989	0.315	0.543	0.581	20	2009	0.428	0.567	0.755	9
1990	0.343	0.582	0.589	20	2010	0.449	0.578	0.777	9
1991	0.346	0.525	0.660	17	2011	0.463	0.607	0.762	8
1992	0.445	0.423	1.052	6	2012	0.460	0.649	0.709	9
1993	0.450	0.420	1.072	6	2013	0.455	0.688	0.661	10
1994	0.461	0.448	1.027	7	2014	0.442	0.672	0.658	11
1995	0.427	0.451	0.947	10	2015	0.447	0.751	0.594	12
1996	0.408	0.441	0.923	10	2016	0.461	0.726	0.634	12
1997	0.385	0.427	0.903	11	2017	0.451	0.731	0.617	16

二、中部

(一) 山西省

山西省勞均產出一直低於北京市，且相對勞均產出逐漸提高，2017 年達到了北京市的 0.441 倍。1978－1984 年山西省勞均資本存量高於北京市 10％～30％，1985－1999 年山西省勞均資本存量逐漸降低至 0.360 倍，2000－2017 年山西省勞均資本存量逐漸增加至 0.904 倍。相對全要素生產率方面，1978－1994 年從 0.284 倍逐漸增加至 0.751 倍，1995－2006 年維持在

0.8倍左右，最高時達到了北京市的0.882倍（2004年），2007－2017年逐漸下降至0.488倍。相對生產率排名方面，1978－1992年從第11名逐漸下降至第19名，1993－2005年從第17名逐步上升至第12名，2006－2017年排名從第14名下降至第23名。見表3-12。

表3-12　山西省發展核算

年份	產出	要素	生產率	排名	年份	產出	要素	生產率	排名
1978	0.372	1.309	0.284	11	1998	0.310	0.361	0.858	11
1979	0.388	1.253	0.310	11	1999	0.293	0.360	0.813	13
1980	0.357	1.112	0.321	11	2000	0.287	0.366	0.783	13
1981	0.371	1.164	0.319	17	2001	0.289	0.370	0.780	13
1982	0.406	1.129	0.359	14	2002	0.312	0.390	0.798	12
1983	0.403	1.095	0.368	11	2003	0.319	0.392	0.814	12
1984	0.406	1.053	0.386	12	2004	0.391	0.443	0.882	12
1985	0.395	0.939	0.420	13	2005	0.399	0.472	0.845	12
1986	0.382	0.780	0.489	13	2006	0.401	0.503	0.798	14
1987	0.361	0.650	0.555	13	2007	0.407	0.541	0.753	15
1988	0.338	0.584	0.578	16	2008	0.417	0.689	0.604	18
1989	0.340	0.537	0.632	16	2009	0.401	0.686	0.584	20
1990	0.352	0.526	0.669	16	2010	0.414	0.748	0.554	23
1991	0.330	0.501	0.658	18	2011	0.435	0.791	0.551	22
1992	0.334	0.471	0.709	19	2012	0.448	0.851	0.526	23
1993	0.321	0.431	0.747	17	2013	0.453	0.873	0.519	24
1994	0.324	0.431	0.751	16	2014	0.444	0.882	0.504	25
1995	0.320	0.401	0.798	15	2015	0.437	0.950	0.460	25
1996	0.319	0.382	0.834	13	2016	0.433	0.914	0.474	25
1997	0.320	0.368	0.870	12	2017	0.441	0.904	0.488	23

（二）安徽省

安徽省勞均產出一直低於北京市，但相對勞均產出逐漸提高，2017年達到了北京市的0.387倍。1978－1982年安徽省勞均資本存量高於北京市

10%～20%，1983－2003年安徽省勞均資本存量逐漸降低至0.272倍，2004－2017年安徽省勞均資本存量逐漸增加至0.648倍。相對全要素生產率方面，1978－2004年逐漸從0.202倍增加至0.815倍，最高時達到了北京市的0.815倍（2004年），2005－2017年逐漸下降至0.598倍。相對生產率排名方面，1978－1982年維持在20～25名，1983－1993年從第19名逐漸下降至第27名，1994－2017年排名維持在14～21名。見表3-13。

表3-13 安徽省發展核算

年份	產出	要素	生產率	排名	年份	產出	要素	生產率	排名
1978	0.249	1.232	0.202	23	1998	0.215	0.321	0.668	20
1979	0.257	1.154	0.223	21	1999	0.208	0.301	0.691	17
1980	0.233	1.106	0.210	25	2000	0.200	0.285	0.703	17
1981	0.280	1.125	0.249	24	2001	0.200	0.273	0.731	15
1982	0.287	1.008	0.285	20	2002	0.208	0.282	0.736	15
1983	0.268	0.933	0.287	19	2003	0.209	0.272	0.768	14
1984	0.267	0.914	0.292	20	2004	0.249	0.305	0.815	14
1985	0.276	0.821	0.335	22	2005	0.248	0.323	0.768	16
1986	0.278	0.731	0.380	22	2006	0.254	0.338	0.752	18
1987	0.262	0.632	0.415	22	2007	0.254	0.347	0.730	17
1988	0.237	0.540	0.439	22	2008	0.265	0.436	0.609	17
1989	0.238	0.497	0.479	25	2009	0.272	0.462	0.588	19
1990	0.238	0.535	0.446	26	2010	0.289	0.470	0.614	18
1991	0.212	0.398	0.532	25	2011	0.309	0.496	0.622	18
1992	0.220	0.381	0.576	24	2012	0.326	0.541	0.602	18
1993	0.213	0.413	0.515	27	2013	0.339	0.575	0.590	18
1994	0.229	0.384	0.595	21	2014	0.347	0.593	0.585	19
1995	0.227	0.365	0.623	21	2015	0.359	0.649	0.553	19
1996	0.233	0.351	0.662	20	2016	0.374	0.635	0.589	19
1997	0.233	0.350	0.667	20	2017	0.387	0.648	0.598	18

（三）江西省

江西省勞均產出一直低於北京市，但相對勞均產出逐漸提高，2017年達

到了北京市的 0.436 倍。1978－1984 年江西省勞均資本存量高於北京市 20%～60%，1985－2001 年江西省勞均資本存量逐漸降低至 0.429 倍，2002－2017 年江西省勞均資本存量逐漸增加至 0.774 倍。相對全要素生產率方面，1978－2017 年逐漸從 0.181 增加至 0.563 倍，最高時達到了北京市的 0.563 倍（2017 年）。相對生產率排名方面，1978－1996 年維持在第 25～29 名，1997－2017 年排名從第 28 名逐步上升至第 22 名。見表 3-14。

表 3-14　江西省發展核算

年份	產出	要素	生產率	排名	年份	產出	要素	生產率	排名
1978	0.283	1.560	0.181	27	1998	0.228	0.454	0.503	28
1979	0.304	1.451	0.209	25	1999	0.223	0.444	0.502	28
1980	0.281	1.349	0.208	27	2000	0.220	0.436	0.505	28
1981	0.303	1.269	0.239	26	2001	0.220	0.429	0.513	27
1982	0.317	1.217	0.261	26	2002	0.225	0.437	0.515	27
1983	0.287	1.198	0.240	26	2003	0.233	0.441	0.529	27
1984	0.277	1.156	0.240	27	2004	0.276	0.495	0.558	28
1985	0.289	0.987	0.293	26	2005	0.277	0.523	0.529	28
1986	0.282	0.824	0.342	25	2006	0.283	0.523	0.541	28
1987	0.275	0.754	0.364	28	2007	0.279	0.517	0.541	26
1988	0.264	0.741	0.357	28	2008	0.299	0.613	0.487	26
1989	0.267	0.640	0.418	27	2009	0.307	0.622	0.494	26
1990	0.272	0.619	0.439	28	2010	0.321	0.611	0.526	25
1991	0.262	0.536	0.489	27	2011	0.342	0.636	0.538	25
1992	0.278	0.547	0.508	27	2012	0.361	0.691	0.523	24
1993	0.268	0.545	0.491	28	2013	0.376	0.719	0.523	22
1994	0.256	0.549	0.467	28	2014	0.387	0.742	0.522	22
1995	0.234	0.496	0.472	28	2015	0.403	0.786	0.513	22
1996	0.240	0.483	0.498	29	2016	0.420	0.762	0.552	22
1997	0.242	0.479	0.505	28	2017	0.436	0.774	0.563	22

（四）河南省

河南省勞均產出一直低於北京市，但相對勞均產出逐漸提高，2017 年達

到了北京市的 0.385 倍。1978－1983 年河南省勞均資本存量高於北京市 10%～20%，1984－2000 年河南省勞均資本存量逐漸降低至 0.327 倍，2001－2017 年河南省勞均資本存量逐漸增加至 0.905 倍。相對全要素生產率方面，1978－1997 年逐漸從 0.191 增加至 0.662 倍，1998－2017 年逐漸下降至 0.426 倍，相對全要素生產率最高時達到了北京市的 0.675 倍（2014 年）。相對生產率排名方面，1980－1995 年維持在第 20～24 名，1978 年、1987 年第 26 名，1979 年、1986 年第 27 名，1996－2017 年排名從第 21 名逐漸下降至第 27 名。見表 3-15。

表 3-15 河南省發展核算

年份	產出	要素	生產率	排名	年份	產出	要素	生產率	排名
1978	0.237	1.237	0.191	26	1998	0.230	0.354	0.649	21
1979	0.243	1.198	0.203	27	1999	0.215	0.342	0.628	21
1980	0.253	1.098	0.230	21	2000	0.198	0.327	0.607	21
1981	0.279	1.091	0.256	21	2001	0.201	0.331	0.607	21
1982	0.274	0.997	0.275	23	2002	0.210	0.341	0.615	22
1983	0.288	1.003	0.287	20	2003	0.217	0.344	0.631	22
1984	0.267	0.933	0.286	21	2004	0.261	0.387	0.675	23
1985	0.270	0.857	0.315	24	2005	0.269	0.404	0.665	22
1986	0.259	0.785	0.329	27	2006	0.283	0.428	0.661	22
1987	0.262	0.693	0.378	26	2007	0.287	0.457	0.629	23
1988	0.248	0.577	0.429	24	2008	0.304	0.580	0.524	25
1989	0.256	0.488	0.525	23	2009	0.305	0.608	0.502	25
1990	0.259	0.487	0.532	24	2010	0.317	0.638	0.497	26
1991	0.247	0.454	0.545	24	2011	0.331	0.683	0.485	26
1992	0.252	0.429	0.586	21	2012	0.346	0.737	0.469	26
1993	0.248	0.416	0.595	22	2013	0.355	0.793	0.448	26
1994	0.259	0.469	0.552	24	2014	0.358	0.831	0.430	27
1995	0.262	0.432	0.606	22	2015	0.365	0.900	0.406	28
1996	0.264	0.407	0.648	21	2016	0.375	0.873	0.430	27
1997	0.254	0.384	0.662	21	2017	0.385	0.905	0.426	27

（五）湖北省

湖北省勞均產出一直低於北京市，但相對勞均產出逐漸提高，2017 年達到了北京市的 0.634 倍。1978－1981 年湖北省勞均資本存量高於北京市 10%～30%，1982－1993 年湖北省勞均資本存量逐漸降低至 0.365 倍，1994－2017 年湖北省勞均資本存量逐漸增加至 0.864 倍。相對全要素生產率方面，1978－1992 年逐漸從 0.252 倍增加至 0.812 倍，最高時達到了北京市的 0.812 倍（1992 年），1993－2017 逐漸平穩至 0.7 倍左右。相對生產率排名方面，1978－1986 年從第 15 名逐步上升至第 8 名，1987－1991 年從第 10 名迅速下降至第 19 名，1991－2017 年從 19 名迅速上升至第 8 名。見表 3-16。

表 3-16　湖北省發展核算

年份	產出	要素	生產率	排名	年份	產出	要素	生產率	排名
1978	0.323	1.278	0.252	15	1998	0.292	0.425	0.687	18
1979	0.353	1.253	0.282	14	1999	0.282	0.413	0.684	18
1980	0.339	1.043	0.325	10	2000	0.276	0.406	0.680	18
1981	0.373	1.004	0.371	10	2001	0.274	0.401	0.682	18
1982	0.394	0.959	0.411	10	2002	0.284	0.415	0.684	18
1983	0.364	0.950	0.383	10	2003	0.288	0.413	0.698	19
1984	0.367	0.859	0.428	10	2004	0.339	0.441	0.770	18
1985	0.394	0.764	0.515	8	2005	0.344	0.457	0.754	17
1986	0.379	0.684	0.554	8	2006	0.359	0.469	0.765	16
1987	0.371	0.605	0.614	10	2007	0.366	0.482	0.760	13
1988	0.349	0.530	0.658	11	2008	0.394	0.590	0.667	14
1989	0.351	0.511	0.688	12	2009	0.411	0.608	0.676	14
1990	0.296	0.472	0.627	18	2010	0.439	0.637	0.690	12
1991	0.287	0.437	0.656	19	2011	0.476	0.656	0.726	10
1992	0.297	0.366	0.812	16	2012	0.507	0.716	0.708	10
1993	0.287	0.365	0.787	14	2013	0.533	0.759	0.703	9
1994	0.299	0.381	0.784	13	2014	0.553	0.783	0.706	9
1995	0.299	0.407	0.735	16	2015	0.582	0.862	0.675	9
1996	0.304	0.435	0.698	19	2016	0.610	0.843	0.724	9
1997	0.308	0.441	0.698	19	2017	0.634	0.864	0.734	8

（六）湖南省

湖南省勞均產出一直低於北京市，但相對勞均產出逐漸提高，2017年達到了北京市的0.429倍。1978－1983年湖南省勞均資本存量高於北京市10%～30%，1978－2004年湖南省勞均資本存量逐漸下降至0.304倍，2005－2017年湖南省勞均資本存量逐漸上升至0.721倍。相對全要素生產率方面，1978－2004年逐漸從0.201增加，最高時達到了北京市的0.755倍（2004年），2005－2017逐漸下降至0.594倍。相對生產率排名方面，1978－1981年從第24名逐步上升至第20名，1982－1989年從第24名逐步下降至第28名，1990－1998年維持第25～27名，1999－2017年逐步上升並穩定在第20～21名。見表3-17。

表3-17　湖南省發展核算

年份	產出	要素	生產率	排名	年份	產出	要素	生產率	排名
1978	0.263	1.307	0.201	24	1998	0.194	0.335	0.579	25
1979	0.271	1.259	0.216	23	1999	0.190	0.315	0.601	23
1980	0.255	1.135	0.225	22	2000	0.188	0.318	0.590	22
1981	0.280	1.093	0.256	20	2001	0.186	0.316	0.590	23
1982	0.287	1.055	0.272	24	2002	0.192	0.321	0.599	24
1983	0.272	1.025	0.266	24	2003	0.194	0.316	0.614	23
1984	0.248	0.981	0.253	25	2004	0.230	0.304	0.755	19
1985	0.255	0.870	0.293	25	2005	0.232	0.313	0.740	20
1986	0.251	0.747	0.336	26	2006	0.240	0.340	0.707	19
1987	0.245	0.645	0.380	25	2007	0.244	0.357	0.684	19
1988	0.229	0.599	0.383	27	2008	0.263	0.452	0.581	20
1989	0.224	0.554	0.405	28	2009	0.274	0.485	0.566	21
1990	0.229	0.455	0.504	25	2010	0.289	0.500	0.578	20
1991	0.223	0.433	0.516	26	2011	0.313	0.539	0.582	20
1992	0.224	0.409	0.548	26	2012	0.334	0.596	0.560	21
1993	0.213	0.352	0.606	21	2013	0.350	0.636	0.550	20
1994	0.215	0.395	0.546	26	2014	0.361	0.651	0.555	21
1995	0.208	0.407	0.512	27	2015	0.382	0.719	0.531	21
1996	0.210	0.379	0.554	26	2016	0.404	0.698	0.578	20
1997	0.209	0.373	0.560	26	2017	0.429	0.721	0.594	20

三、西部

(一) 內蒙古自治區

內蒙古自治區勞均產出一直低於北京市,但相對勞均產出逐漸提高,2017年達到了北京市的 0.834 倍。1978－1981 年內蒙古自治區勞均資本存量高於北京市 10%～30%,1982－2000 年內蒙古自治區勞均資本存量逐漸下降至 0.463 倍,2001－2017 年內蒙古自治區勞均資本存量逐漸上升至 1.285 倍。相對全要素生產率方面,1978－1992 年從 0.281 逐漸上升至 0.731 倍,1993 年降落至 0.622 倍,1993－1997 年逐漸上升至 0.704 倍,1997－2008 年逐步平穩至 0.7 倍左右,2009－2017 年,2015 年逐漸下降至 0.577 倍,2017 年逐步上升至 0.649 倍,最高時達到了北京市的 0.772 倍(2004 年)。相對生產率排名方面,1978－1990 年排名維持在第 8～12 名,1991 年降落至第 15 名,1992－2007 年維持在第 16～19 名,2008－2017 維持在第 13～16 名,2009 年第 11 名。見表 3-18。

表 3-18　內蒙古自治區發展核算

年份	產出	要素	生產率	排名	年份	產出	要素	生產率	排名
1978	0.363	1.291	0.281	12	1998	0.326	0.479	0.680	19
1979	0.372	1.215	0.306	12	1999	0.315	0.469	0.671	19
1980	0.337	1.052	0.320	12	2000	0.310	0.463	0.669	19
1981	0.378	1.014	0.372	9	2001	0.313	0.466	0.672	19
1982	0.418	0.950	0.440	8	2002	0.331	0.485	0.682	19
1983	0.388	0.920	0.422	8	2003	0.396	0.532	0.744	16
1984	0.374	0.808	0.462	8	2004	0.501	0.649	0.772	17
1985	0.396	0.774	0.512	9	2005	0.558	0.753	0.742	18
1986	0.385	0.707	0.544	9	2006	0.612	0.808	0.757	17
1987	0.381	0.632	0.603	11	2007	0.634	0.916	0.693	18
1988	0.365	0.548	0.667	10	2008	0.699	1.070	0.653	15
1989	0.365	0.517	0.706	11	2009	0.729	1.029	0.708	11
1990	0.388	0.545	0.712	12	2010	0.757	1.124	0.673	14
1991	0.368	0.500	0.737	15	2011	0.787	1.188	0.662	13

表3-18（續）

年份	產出	要素	生產率	排名	年份	產出	要素	生產率	排名
1992	0.371	0.508	0.731	18	2012	0.807	1.307	0.618	16
1993	0.347	0.557	0.622	20	2013	0.780	1.290	0.605	16
1994	0.349	0.559	0.623	20	2014	0.753	1.248	0.603	15
1995	0.345	0.527	0.655	19	2015	0.790	1.367	0.577	15
1996	0.349	0.499	0.698	18	2016	0.810	1.319	0.614	16
1997	0.344	0.489	0.704	18	2017	0.834	1.285	0.649	13

（二）廣西壯族自治區

廣西壯族自治區勞均產出一直低於北京市，但相對勞均產出逐漸提高，2017年達到了北京市的0.317倍。1978－1984年廣西壯族自治區勞均資本存量高於北京市10%～40%，1985－2001年廣西壯族自治區勞均資本存量逐漸下降至0.307倍，2002－2017年廣西壯族自治區勞均資本存量逐漸上升至0.791倍。相對全要素生產率方面，1978－1993年從0.155逐漸上升至0.548倍，1994－2005年逐漸維持在0.5倍左右，2006－2017年逐漸下降至0.400倍，最高時達到了北京市的0.565倍（2004年）。相對生產率排名方面，1993年第25名，2006年第26名，其餘年份維持在第27～31名。見表3-19。

表3-19　廣西壯族自治區發展核算

年份	產出	要素	生產率	排名	年份	產出	要素	生產率	排名
1978	0.213	1.374	0.155	29	1998	0.159	0.331	0.479	29
1979	0.207	1.377	0.150	29	1999	0.153	0.319	0.480	29
1980	0.202	1.306	0.155	29	2000	0.145	0.310	0.469	29
1981	0.224	1.173	0.191	28	2001	0.144	0.307	0.469	29
1982	0.236	1.202	0.196	29	2002	0.152	0.316	0.481	29
1983	0.211	1.139	0.185	30	2003	0.156	0.310	0.503	28
1984	0.186	1.007	0.185	31	2004	0.183	0.323	0.565	27
1985	0.188	0.872	0.216	31	2005	0.185	0.336	0.550	27
1986	0.181	0.759	0.238	29	2006	0.191	0.345	0.554	26
1987	0.177	0.649	0.272	30	2007	0.196	0.368	0.533	27

表3-19(續)

年份	產出	要素	生產率	排名	年份	產出	要素	生產率	排名
1988	0.160	0.505	0.318	29	2008	0.207	0.475	0.436	28
1989	0.159	0.440	0.361	29	2009	0.215	0.506	0.424	28
1990	0.166	0.414	0.400	30	2010	0.227	0.526	0.431	28
1991	0.167	0.373	0.448	28	2011	0.241	0.572	0.422	30
1992	0.178	0.381	0.468	28	2012	0.274	0.664	0.412	29
1993	0.178	0.324	0.548	25	2013	0.287	0.708	0.406	29
1994	0.185	0.361	0.511	27	2014	0.293	0.718	0.408	29
1995	0.180	0.384	0.470	29	2015	0.301	0.767	0.393	29
1996	0.178	0.345	0.516	28	2016	0.309	0.737	0.419	28
1997	0.172	0.354	0.486	29	2017	0.317	0.791	0.400	29

(三) 重慶市

重慶市勞均產出一直低於北京市，但相對勞均產出逐漸提高，2017年達到了北京市的0.750倍。1978年重慶市勞均資本存量略高於北京市，1979－1997年從0.936逐步下降至0.259倍，1998－2014年逐步上升至0.920倍，2015－2017年重慶市勞均資本存量略高於北京市。相對全要素生產率方面，1978－1997年從0.232逐步上升至0.920倍，1998－2009年逐步下降至0.600倍，2010－2017年逐漸上升至0.674倍，最高時達到了北京市的0.920倍（1997年）。相對生產率排名方面，1997年第10名，1991年、2017年第11名，2008年第19名，2007年第20名，2004－2006年第21名，其餘年份維持在第12～17名。見表3-20。

表3-20　重慶市發展核算

年份	產出	要素	生產率	排名	年份	產出	要素	生產率	排名
1978	0.240	1.033	0.232	17	1998	0.224	0.282	0.794	15
1979	0.252	0.936	0.270	15	1999	0.219	0.294	0.746	15
1980	0.241	0.867	0.278	16	2000	0.214	0.302	0.708	16
1981	0.264	0.800	0.330	15	2001	0.216	0.311	0.693	17
1982	0.270	0.758	0.356	16	2002	0.249	0.342	0.728	16
1983	0.256	0.734	0.349	12	2003	0.255	0.359	0.708	17

表3-20(續)

年份	產出	要素	生產率	排名	年份	產出	要素	生產率	排名
1984	0.249	0.661	0.376	13	2004	0.296	0.409	0.725	21
1985	0.238	0.576	0.414	14	2005	0.312	0.449	0.696	21
1986	0.236	0.490	0.481	14	2006	0.319	0.479	0.666	21
1987	0.223	0.413	0.541	15	2007	0.354	0.521	0.681	20
1988	0.217	0.358	0.607	14	2008	0.381	0.635	0.600	19
1989	0.217	0.327	0.665	15	2009	0.407	0.679	0.600	17
1990	0.229	0.326	0.701	13	2010	0.436	0.691	0.631	16
1991	0.222	0.277	0.801	11	2011	0.475	0.725	0.655	15
1992	0.231	0.278	0.832	15	2012	0.505	0.784	0.644	14
1993	0.231	0.272	0.848	12	2013	0.526	0.853	0.616	15
1994	0.233	0.264	0.881	12	2014	0.547	0.920	0.594	16
1995	0.236	0.279	0.846	12	2015	0.578	1.004	0.576	16
1996	0.237	0.271	0.876	12	2016	0.613	0.994	0.617	15
1997	0.239	0.259	0.920	10	2017	0.750	1.113	0.674	11

(四) 四川省

四川省勞均產出一直低於北京市，但相對勞均產出逐漸提高，2017年達到了北京市的0.479倍。1978－2017年四川省勞均資本存量均低於北京市，1978－1998年從0.938逐漸下降至0.296倍，1999－2017年逐漸上升至0.762倍。相對全要素生產率方面，1978－1996年從0.260逐漸上升至0.780倍，1997年0.741倍，在2001年下降至0.647倍，在2005年上升至0.827倍，2006－2017年下降並維持在0.6倍左右，最高時達到了北京市的0.827倍(2005年)。相對生產率排名方面，1989年、1993年第18名，1999－2002年第20名、2003年第21名，其餘年份維持在第13～17名。見表3-21。

表3-21 四川省發展核算

年份	產出	要素	生產率	排名	年份	產出	要素	生產率	排名
1978	0.244	0.938	0.260	13	1998	0.211	0.296	0.713	17
1979	0.255	0.866	0.294	13	1999	0.201	0.309	0.650	20
1980	0.248	0.842	0.294	15	2000	0.197	0.304	0.649	20
1981	0.267	0.800	0.333	14	2001	0.197	0.305	0.647	20

表3-21(續)

年份	產出	要素	生產率	排名	年份	產出	要素	生產率	排名
1982	0.278	0.780	0.356	15	2002	0.208	0.321	0.649	20
1983	0.266	0.763	0.348	13	2003	0.216	0.320	0.674	21
1984	0.251	0.695	0.361	16	2004	0.259	0.320	0.809	15
1985	0.256	0.622	0.411	15	2005	0.266	0.322	0.827	14
1986	0.243	0.533	0.456	16	2006	0.280	0.349	0.801	13
1987	0.240	0.449	0.533	16	2007	0.286	0.379	0.753	16
1988	0.223	0.384	0.581	15	2008	0.302	0.490	0.615	16
1989	0.219	0.354	0.619	18	2009	0.317	0.528	0.601	16
1990	0.233	0.363	0.641	17	2010	0.342	0.550	0.622	17
1991	0.228	0.305	0.745	14	2011	0.376	0.596	0.631	16
1992	0.231	0.315	0.731	17	2012	0.406	0.664	0.611	17
1993	0.226	0.321	0.702	18	2013	0.425	0.710	0.599	17
1994	0.229	0.326	0.705	17	2014	0.434	0.734	0.592	17
1995	0.219	0.301	0.728	17	2015	0.448	0.768	0.584	14
1996	0.233	0.299	0.780	15	2016	0.464	0.749	0.620	13
1997	0.225	0.303	0.741	16	2017	0.479	0.762	0.629	15

(五)貴州省

貴州省勞均產出一直低於北京市,但相對勞均產出逐漸提高,2017年達到了北京市的0.286倍。1978－1982年貴州省勞均資本存量高於北京市10%～20%,1983－2001年貴州省勞均資本存量逐漸下降至0.287倍,2002－2017年貴州省勞均資本存量逐漸上升至0.654倍。相對全要素生產率方面,1978－1992年從0.155上升至0.437倍,1993－2017年維持在0.4倍左右,最高時達到了北京市的0.439倍(2016年)。相對生產率排名方面,2016年、2017年為第26名,2015年為第27名,其餘年份維持在第28～31名。見表3-22。

表3-22 貴州省發展核算

年份	產出	要素	生產率	排名	年份	產出	要素	生產率	排名
1978	0.181	1.161	0.155	28	1998	0.124	0.352	0.353	31
1979	0.192	1.175	0.164	28	1999	0.122	0.343	0.356	31

表3-22(續)

年份	產出	要素	生產率	排名	年份	產出	要素	生產率	排名
1980	0.177	1.159	0.152	30	2000	0.117	0.313	0.375	31
1981	0.192	1.200	0.160	31	2001	0.106	0.287	0.368	31
1982	0.207	1.095	0.189	31	2002	0.109	0.298	0.364	31
1983	0.202	0.986	0.205	29	2003	0.110	0.299	0.367	31
1984	0.200	0.871	0.229	28	2004	0.128	0.299	0.428	31
1985	0.194	0.809	0.240	29	2005	0.130	0.311	0.417	31
1986	0.185	0.780	0.238	30	2006	0.135	0.321	0.421	31
1987	0.183	0.672	0.272	29	2007	0.136	0.331	0.411	31
1988	0.169	0.555	0.305	30	2008	0.144	0.418	0.343	31
1989	0.165	0.512	0.322	31	2009	0.170	0.468	0.363	31
1990	0.164	0.492	0.333	31	2010	0.148	0.440	0.336	31
1991	0.160	0.419	0.382	31	2011	0.220	0.517	0.426	28
1992	0.156	0.357	0.437	30	2012	0.236	0.557	0.424	28
1993	0.145	0.391	0.372	31	2013	0.249	0.584	0.426	28
1994	0.142	0.406	0.350	31	2014	0.254	0.599	0.424	28
1995	0.138	0.401	0.344	31	2015	0.265	0.649	0.408	27
1996	0.139	0.374	0.371	31	2016	0.277	0.630	0.439	26
1997	0.136	0.356	0.382	31	2017	0.286	0.654	0.438	26

(六)雲南省

雲南省勞均產出一直低於北京市，但相對勞均產出逐漸提高，2017年達到了北京市的0.269倍。1978－1983年雲南省勞均資本存量高於北京市10%～60%，1984－1998年雲南省勞均資本存量逐漸下降至0.300倍，1999－2017年雲南省勞均資本存量逐漸上升至0.687倍。相對全要素生產率方面，1978－1994年從0.137上升至0.645倍，1995－2017下降平穩至0.4倍左右，最高時達到了北京市的0.645倍（1994年）。相對生產率排名方面，1993年、1994年第19名，1995年第20名，1989年、1991年第21名，1990年第22名，1992年第23名，1996－1998年第24名，1988年第26名，其餘年份維持在第27～31名。見表3-23。

表 3-23 雲南省發展核算

年份	產出	要素	生產率	排名	年份	產出	要素	生產率	排名
1978	0.215	1.570	0.137	30	1998	0.176	0.300	0.588	24
1979	0.209	1.425	0.147	30	1999	0.170	0.324	0.524	27
1980	0.200	1.266	0.158	28	2000	0.161	0.310	0.518	27
1981	0.217	1.206	0.180	30	2001	0.156	0.320	0.487	28
1982	0.234	1.110	0.211	28	2002	0.162	0.330	0.490	28
1983	0.219	1.059	0.207	28	2003	0.163	0.336	0.485	29
1984	0.210	0.963	0.218	29	2004	0.190	0.366	0.519	29
1985	0.216	0.845	0.255	28	2005	0.185	0.389	0.474	29
1986	0.203	0.695	0.293	28	2006	0.187	0.396	0.472	29
1987	0.206	0.553	0.372	27	2007	0.183	0.403	0.455	29
1988	0.207	0.527	0.393	26	2008	0.188	0.497	0.379	30
1989	0.207	0.372	0.557	21	2009	0.191	0.502	0.381	30
1990	0.221	0.409	0.540	22	2010	0.195	0.501	0.390	30
1991	0.210	0.361	0.581	21	2011	0.207	0.531	0.391	31
1992	0.209	0.359	0.584	23	2012	0.223	0.578	0.386	31
1993	0.197	0.311	0.635	19	2013	0.237	0.616	0.384	30
1994	0.202	0.313	0.645	19	2014	0.238	0.638	0.373	31
1995	0.198	0.314	0.629	20	2015	0.250	0.706	0.354	30
1996	0.195	0.320	0.610	24	2016	0.256	0.678	0.378	30
1997	0.188	0.313	0.601	24	2017	0.269	0.687	0.392	30

（七）西藏自治區

西藏自治區勞均產出一直低於北京市，但相對勞均產出逐漸提高，2017 年達到了北京市的 0.336 倍。1978－1987 年西藏自治區勞均資本存量高於北京市 10%～80%，1988－2003 年西藏自治區勞均資本存量逐漸下降至 0.415 倍，2004－1017 年西藏自治區勞均資本存量逐漸上升至 0.690 倍。相對全要素生產率方面，1978－2004 年從 0.106 倍逐步上升至 0.750 倍，2005－2017 逐步下降至 0.486 倍，最高時達到了北京的 0.750 倍（2004 年）。相對生產率排名方面，1995 年第 26 名，1978－1998 年維持在第 27～31 名，2005 年第 19 名，1999－2017 年維持在第 20～25 名。見表 3-24。

表 3-24 西藏自治區發展核算

年份	產出	要素	生產率	排名	年份	產出	要素	生產率	排名
1978	0.291	2.753	0.106	31	1998	0.277	0.492	0.563	27
1979	0.288	2.525	0.114	31	1999	0.266	0.463	0.574	25
1980	0.315	2.309	0.136	31	2000	0.262	0.479	0.546	25
1981	0.405	2.148	0.189	29	2001	0.266	0.456	0.584	24
1982	0.388	2.019	0.192	30	2002	0.280	0.441	0.633	21
1983	0.328	1.984	0.165	31	2003	0.286	0.415	0.689	20
1984	0.344	1.805	0.190	30	2004	0.332	0.442	0.750	20
1985	0.368	1.679	0.219	30	2005	0.325	0.439	0.740	19
1986	0.308	1.373	0.224	31	2006	0.331	0.469	0.705	20
1987	0.284	1.101	0.258	31	2007	0.316	0.485	0.652	21
1988	0.265	0.977	0.271	31	2008	0.322	0.591	0.544	22
1989	0.279	0.850	0.328	30	2009	0.323	0.593	0.544	23
1990	0.304	0.748	0.407	29	2010	0.331	0.594	0.558	22
1991	0.276	0.698	0.395	30	2011	0.334	0.618	0.541	24
1992	0.269	0.649	0.415	31	2012	0.330	0.640	0.515	25
1993	0.265	0.633	0.419	30	2013	0.348	0.666	0.522	23
1994	0.280	0.625	0.447	29	2014	0.350	0.675	0.518	23
1995	0.293	0.544	0.538	26	2015	0.339	0.720	0.471	24
1996	0.295	0.548	0.537	27	2016	0.332	0.682	0.487	24
1997	0.291	0.529	0.550	27	2017	0.336	0.690	0.486	24

（八）陝西省

陝西省勞均產出一直低於北京市，但相對勞均產出逐漸提高，2017 年達到了北京市的 0.559 倍。1978－1984 年陝西省勞均資本存量高於北京市 10%～40%，1985－1999 年陝西省勞均資本存量逐漸下降至 0.378 倍，2000－2017 年陝西省勞均資本存量逐漸上升至 0.935 倍。相對全要素生產率方面，1978－1996 年從 0.219 倍逐漸上升至 0.621 倍，1997－2017 年逐漸維持在 0.6 倍左右，最高時達到了北京市的 0.662 倍（2014 年）。相對生產率排名方面，1978－2008 年，除開 1992 第 25 名、1993 年第 26 名以外維持在 18～24 名，2009－2017 年，除開 2012 年第 12 名、2013 年第 11 名、2014 年第 10 名以外維持在第 18～19 名。見表 3-25。

表 3-25　陝西省發展核算

年份	產出	要素	生產率	排名	年份	產出	要素	生產率	排名
1978	0.307	1.398	0.219	20	1998	0.242	0.386	0.627	22
1979	0.311	1.315	0.236	18	1999	0.233	0.378	0.616	22
1980	0.293	1.214	0.241	18	2000	0.229	0.390	0.589	23
1981	0.313	1.201	0.261	19	2001	0.235	0.394	0.596	22
1982	0.320	1.120	0.286	19	2002	0.238	0.397	0.601	23
1983	0.296	1.110	0.267	23	2003	0.244	0.398	0.612	24
1984	0.288	1.019	0.282	24	2004	0.290	0.445	0.650	24
1985	0.305	0.909	0.336	21	2005	0.295	0.466	0.634	24
1986	0.303	0.791	0.383	21	2006	0.307	0.476	0.645	23
1987	0.300	0.713	0.420	21	2007	0.313	0.489	0.641	22
1988	0.314	0.619	0.507	20	2008	0.343	0.593	0.578	21
1989	0.309	0.587	0.526	22	2009	0.377	0.631	0.597	18
1990	0.311	0.573	0.542	21	2010	0.386	0.655	0.589	19
1991	0.294	0.535	0.550	23	2011	0.425	0.711	0.597	19
1992	0.288	0.505	0.569	25	2012	0.611	0.928	0.658	12
1993	0.273	0.511	0.534	26	2013	0.639	0.967	0.661	11
1994	0.273	0.491	0.556	23	2014	0.634	0.958	0.662	10
1995	0.265	0.459	0.577	24	2015	0.521	0.924	0.564	18
1996	0.261	0.420	0.621	22	2016	0.540	0.899	0.601	18
1997	0.257	0.403	0.636	22	2017	0.559	0.935	0.597	19

（九）甘肅省

甘肅省勞均產出一直低於北京市，但相對勞均產出逐漸提高，2017年達到了北京市的0.399倍。1978－1984年甘肅省勞均資本存量高於北京市20%～80%，1985－1999年甘肅省勞均資本存量逐漸下降至0.348倍，2000－2017年甘肅省勞均資本存量逐漸上升至0.658倍。相對全要素生產率方面，1978－1995年從0.211倍逐漸上升至0.588倍，1996－2017年逐步平穩在0.6倍左右，最高時達到了北京市的0.616倍（2007年）。相對生產率排名方面，1978－2009年維持在第22～27名，2010－2017從第21名逐漸上升至第17名。見表3-26。

表 3-26　甘肅省發展核算

年份	產出	要素	生產率	排名	年份	產出	要素	生產率	排名
1978	0.381	1.806	0.211	22	1998	0.199	0.348	0.571	26
1979	0.363	1.718	0.211	24	1999	0.200	0.348	0.575	24
1980	0.326	1.558	0.209	26	2000	0.199	0.371	0.536	26
1981	0.300	1.310	0.229	27	2001	0.199	0.364	0.546	26
1982	0.308	1.228	0.251	27	2002	0.207	0.377	0.549	26
1983	0.274	1.240	0.221	27	2003	0.213	0.386	0.552	26
1984	0.254	1.037	0.245	26	2004	0.253	0.434	0.582	25
1985	0.261	0.912	0.286	27	2005	0.282	0.474	0.594	25
1986	0.267	0.768	0.348	24	2006	0.290	0.474	0.612	25
1987	0.259	0.673	0.385	24	2007	0.289	0.469	0.616	24
1988	0.254	0.581	0.437	23	2008	0.297	0.552	0.537	24
1989	0.261	0.503	0.519	24	2009	0.293	0.560	0.524	24
1990	0.260	0.488	0.534	23	2010	0.305	0.546	0.559	21
1991	0.253	0.457	0.555	22	2011	0.329	0.571	0.576	21
1992	0.255	0.436	0.586	22	2012	0.358	0.616	0.581	20
1993	0.227	0.411	0.552	24	2013	0.376	0.639	0.589	19
1994	0.230	0.406	0.565	22	2014	0.381	0.645	0.590	18
1995	0.220	0.374	0.588	23	2015	0.391	0.692	0.565	17
1996	0.217	0.380	0.571	25	2016	0.404	0.665	0.608	17
1997	0.213	0.364	0.585	25	2017	0.399	0.658	0.607	17

（十）青海省

青海省勞均產出一直低於北京市，且相對勞均產出從1978年的0.438下降至2000年的0.180倍，2001—2017年又逐漸提高至0.401倍。1978—1986年青海省勞均資本存量高於北京市20%～90%，1987—2001年從0.892逐漸下降至0.431倍，2002—2014年逐漸上升至0.989倍，2015—2017年青海省勞均資本存量略高於北京市。相對全要素生產率方面，1978—1988年從0.229倍逐漸上升至0.428倍，1989—2017年逐漸下降至0.378倍，最高時達到了北京市的0.458倍（1989年）。相對生產率排名方面，1978年第18名，1979—1990年維持在第23～27名，1991—2017年維持在第29～31名。見表3-27。

表 3-27 青海省發展核算

年份	產出	要素	生產率	排名	年份	產出	要素	生產率	排名
1978	0.438	1.912	0.229	18	1998	0.194	0.450	0.432	30
1979	0.370	1.819	0.204	26	1999	0.186	0.433	0.430	30
1980	0.383	1.736	0.221	23	2000	0.180	0.432	0.417	30
1981	0.382	1.596	0.239	25	2001	0.183	0.431	0.424	30
1982	0.402	1.503	0.267	25	2002	0.194	0.457	0.425	30
1983	0.387	1.491	0.259	25	2003	0.201	0.477	0.422	30
1984	0.371	1.313	0.282	23	2004	0.238	0.540	0.441	30
1985	0.374	1.177	0.317	23	2005	0.243	0.573	0.424	30
1986	0.365	1.038	0.352	23	2006	0.250	0.583	0.430	30
1987	0.349	0.892	0.391	23	2007	0.259	0.595	0.435	30
1988	0.328	0.766	0.428	25	2008	0.278	0.681	0.408	29
1989	0.318	0.695	0.458	26	2009	0.281	0.679	0.414	29
1990	0.276	0.626	0.441	27	2010	0.299	0.722	0.414	29
1991	0.261	0.587	0.445	29	2011	0.324	0.767	0.422	29
1992	0.254	0.563	0.452	29	2012	0.347	0.881	0.394	30
1993	0.237	0.553	0.429	29	2013	0.364	0.949	0.384	31
1994	0.234	0.536	0.436	30	2014	0.372	0.989	0.377	30
1995	0.222	0.498	0.446	30	2015	0.382	1.127	0.338	31
1996	0.216	0.488	0.442	30	2016	0.393	1.096	0.359	31
1997	0.210	0.478	0.440	30	2017	0.401	1.061	0.378	31

(十一) 寧夏回族自治區

寧夏回族自治區勞均產出一直低於北京市，且相對勞均產出從 1978 年的 0.391 下降至 2001 年的 0.234 倍，2002－2017 年又逐漸提高至 0.399 倍。1978－1985 年寧夏回族自治區勞均資本存量高於北京市 10%～80%，1986－2001 年從 0.964 倍逐漸下降至 0.412 倍，2002－2017 年逐漸上升至 0.986 倍。相對全要素生產率方面，1978－1991 年從 0.213 倍逐步上升至 0.620 倍，1992－2017 年逐漸下降至 0.404 倍，最高時達到了北京市的 0.620 倍 (1991 年)。相對生產率排名方面，1978－2003 年維持在第 19～25 名，1999 年第 26 名，2004－2017 年維持在第 26～28 名，2016 年第 29 名。見表 3-28。

表 3-28　寧夏回族自治區發展核算

年份	產出	要素	生產率	排名	年份	產出	要素	生產率	排名
1978	0.391	1.838	0.213	21	1998	0.261	0.437	0.599	23
1979	0.391	1.701	0.230	19	1999	0.240	0.418	0.574	26
1980	0.370	1.588	0.233	19	2000	0.235	0.412	0.570	24
1981	0.392	1.555	0.252	23	2001	0.234	0.412	0.569	25
1982	0.400	1.436	0.279	21	2002	0.245	0.432	0.567	25
1983	0.392	1.423	0.275	21	2003	0.249	0.440	0.567	25
1984	0.366	1.281	0.286	22	2004	0.289	0.497	0.582	26
1985	0.386	1.098	0.352	20	2005	0.292	0.527	0.554	26
1986	0.379	0.964	0.394	19	2006	0.297	0.542	0.548	27
1987	0.363	0.829	0.438	19	2007	0.298	0.563	0.530	28
1988	0.351	0.724	0.485	21	2008	0.326	0.684	0.477	27
1989	0.358	0.615	0.581	19	2009	0.312	0.678	0.460	27
1990	0.359	0.598	0.600	19	2010	0.334	0.698	0.479	27
1991	0.333	0.537	0.620	20	2011	0.345	0.761	0.454	27
1992	0.323	0.539	0.599	20	2012	0.364	0.832	0.438	27
1993	0.303	0.522	0.581	23	2013	0.376	0.865	0.434	27
1994	0.298	0.541	0.551	25	2014	0.377	0.873	0.432	26
1995	0.282	0.508	0.555	25	2015	0.385	0.925	0.416	26
1996	0.297	0.482	0.616	23	2016	0.393	0.945	0.416	29
1997	0.273	0.453	0.604	23	2017	0.399	0.986	0.404	28

（十二）新疆維吾爾自治區

新疆維吾爾自治區勞均產出一直低於北京市，但相對勞均產出在1978－1985年從0.324倍上升至0.402倍，1986－2017年逐步維持在0.4倍左右。1978－1985年新疆維吾爾自治區勞均資本存量高於北京市10%～70%，1986－2001年從0.915倍逐步下降至0.502倍，2002－2017年逐步上升至0.816倍。相對全要素生產率方面，1978－1992年從0.193逐步上升至0.835倍，1993－2017年逐步下降至0.481倍，最高時達到了北京市的0.835倍（1992年）。相對生產率排名方面，1978年第25名，1979－1989年維持在第22～17名，1980年第24名，1990年、1991年第9名，1992－2002年維持在第14～17名，2003年第18名，2004－2017年維持在第22～25名。見表3-29。

表 3-29　新疆維吾爾自治區發展核算

年份	產出	要素	生產率	排名	年份	產出	要素	生產率	排名
1978	0.324	1.682	0.193	25	1998	0.382	0.521	0.733	16
1979	0.348	1.575	0.221	22	1999	0.363	0.507	0.717	16
1980	0.338	1.542	0.219	24	2000	0.366	0.510	0.719	15
1981	0.376	1.483	0.254	22	2001	0.358	0.502	0.714	16
1982	0.394	1.432	0.275	22	2002	0.363	0.518	0.700	17
1983	0.388	1.427	0.272	22	2003	0.366	0.525	0.698	18
1984	0.372	1.182	0.314	19	2004	0.423	0.586	0.721	22
1985	0.402	1.073	0.375	18	2005	0.402	0.612	0.658	23
1986	0.414	0.915	0.452	17	2006	0.405	0.646	0.626	24
1987	0.413	0.803	0.515	17	2007	0.397	0.660	0.601	25
1988	0.398	0.712	0.559	18	2008	0.412	0.759	0.542	23
1989	0.408	0.657	0.621	17	2009	0.402	0.726	0.554	22
1990	0.444	0.580	0.764	9	2010	0.404	0.737	0.547	24
1991	0.452	0.545	0.828	9	2011	0.407	0.752	0.541	23
1992	0.464	0.555	0.835	14	2012	0.413	0.776	0.532	22
1993	0.436	0.573	0.760	16	2013	0.404	0.791	0.511	25
1994	0.452	0.580	0.779	14	2014	0.406	0.801	0.507	24
1995	0.429	0.570	0.752	15	2015	0.402	0.825	0.487	23
1996	0.409	0.555	0.737	17	2016	0.394	0.797	0.495	23
1997	0.395	0.536	0.737	17	2017	0.392	0.816	0.481	25

四、東北

(一) 遼寧省

遼寧省勞均產出一直低於北京市，且相對勞均產出在 1978－2001 年從 0.324 倍下降至 0.493 倍，2002－2017 年逐步上升至 0.873 倍。1978－1980 年遼寧省勞均資本存量高於北京市 10%～30%，1981－2001 年從 0.989 下降至 0.455 倍，2002－2014 年逐漸上升至 0.950 倍，2015－2017 年略高於北京市。相對全要素生產率方面，1978－1986 年從 0.570 倍上升至 0.914 倍，1987－

2008年略高於北京市，最高時達到了北京市的 1.203 倍（2004 年）。2009－2017 年逐漸下降至 0.780 倍。相對生產率排名方面，1978－2014 年維持在第 3～6 名，2015－2017 年第 7 名。見表 3-30。

表 3-30　遼寧省發展核算

年份	產出	要素	生產率	排名	年份	產出	要素	生產率	排名
1978	0.746	1.309	0.570	5	1998	0.537	0.489	1.100	6
1979	0.712	1.186	0.600	5	1999	0.521	0.474	1.097	6
1980	0.661	1.052	0.628	5	2000	0.497	0.457	1.087	6
1981	0.661	0.989	0.669	6	2001	0.493	0.455	1.085	6
1982	0.649	0.949	0.684	6	2002	0.533	0.478	1.115	6
1983	0.625	0.955	0.655	5	2003	0.556	0.487	1.142	5
1984	0.611	0.867	0.705	5	2004	0.645	0.536	1.203	4
1985	0.616	0.757	0.814	5	2005	0.657	0.564	1.165	4
1986	0.614	0.672	0.914	5	2006	0.694	0.592	1.172	4
1987	0.635	0.605	1.051	3	2007	0.694	0.617	1.125	5
1988	0.625	0.565	1.107	3	2008	0.754	0.748	1.008	5
1989	0.623	0.526	1.184	3	2009	0.751	0.762	0.986	5
1990	0.622	0.542	1.148	3	2010	0.790	0.772	1.022	4
1991	0.595	0.511	1.164	4	2011	0.833	0.826	1.008	4
1992	0.608	0.520	1.169	5	2012	0.855	0.873	0.979	4
1993	0.589	0.524	1.125	5	2013	0.856	0.919	0.932	5
1994	0.606	0.539	1.124	6	2014	0.841	0.950	0.885	6
1995	0.575	0.526	1.094	6	2015	0.884	1.113	0.794	7
1996	0.567	0.517	1.097	6	2016	0.869	1.091	0.796	7
1997	0.576	0.511	1.127	6	2017	0.873	1.120	0.780	7

（三）吉林省

吉林省勞均產出一直低於北京市，且相對勞均產出在 1978－1995 年從 0.518 倍下降至 0.355 倍，1996－2017 年逐漸上升至 0.665 倍。1978－1984 年吉林省勞均資本存量高於北京市 10%～50%，1985－2000 年吉林省勞均資本存量從 0.902 倍逐漸下降至 0.437 倍，2001－2011 吉林省勞均資本存量上升至 0.991 倍，2012－2017 吉林省勞均資本存量高於北京市 10%～20%。相對全要素生產率方面，1978－2004 年從 0.345 倍逐漸上升到 0.903 倍，2005－2017

年逐漸下降至 0.564 倍，最高時達到了北京市的 0.903 倍（2004 年）。相對生產率排名方面，1978－1989 年，除開 1985 年第 10 名、1986 年第 11 名以外，都在第 8 名、第 9，1990－1998 年排名維持在第 13～18 名，1999－2008 年排名維持在第 11 名，2009－2017 年排名從第 15 名逐漸下降至第 21 名。見表 3-31。

表 3-31　吉林省發展核算

年份	產出	要素	生產率	排名	年份	產出	要素	生產率	排名
1978	0.518	1.504	0.345	8	1998	0.384	0.470	0.816	13
1979	0.508	1.323	0.384	8	1999	0.379	0.453	0.837	11
1980	0.468	1.226	0.381	8	2000	0.359	0.437	0.822	11
1981	0.498	1.179	0.422	8	2001	0.359	0.439	0.818	11
1982	0.464	1.119	0.414	8	2002	0.369	0.446	0.829	11
1983	0.502	1.216	0.412	9	2003	0.376	0.446	0.844	11
1984	0.473	1.072	0.442	9	2004	0.444	0.492	0.903	11
1985	0.442	0.902	0.489	10	2005	0.448	0.516	0.868	11
1986	0.418	0.819	0.510	11	2006	0.474	0.540	0.878	11
1987	0.439	0.681	0.644	9	2007	0.487	0.582	0.837	11
1988	0.424	0.600	0.706	9	2008	0.532	0.756	0.704	11
1989	0.390	0.521	0.748	9	2009	0.552	0.839	0.657	15
1990	0.395	0.564	0.700	15	2010	0.580	0.903	0.643	15
1991	0.377	0.520	0.724	16	2011	0.623	0.991	0.628	17
1992	0.376	0.446	0.843	13	2012	0.661	1.105	0.598	19
1993	0.364	0.478	0.762	15	2013	0.656	1.216	0.540	21
1994	0.368	0.531	0.694	18	2014	0.646	1.141	0.566	20
1995	0.355	0.493	0.720	18	2015	0.644	1.183	0.544	20
1996	0.370	0.487	0.759	16	2016	0.653	1.146	0.570	21
1997	0.373	0.484	0.771	15	2017	0.665	1.178	0.564	21

（三）黑龍江省

黑龍江省勞均產出一直低於北京市，且相對勞均產出在 1978－1999 年從 0.708 倍逐步下降至 0.372 倍，2000－2017 年逐漸上升至 0.595 倍。1978－

1984年黑龍江省勞均資本存量略高於北京市，1985－2000年從0.959倍逐漸下降至0.394倍，2001－2017年逐漸上升至0.910倍。相對全要素生產率方面，1978－1991年從0.643倍逐漸上升至0.995倍，1992－2004年，其中1994年、2004年略高於北京市，其餘年份略低於北京市；2005－2017年從0.993倍逐漸下降至0.653倍，最高時達到了北京市的10.44倍（1992年）。相對生產率排名方面，1978－2006年維持在第4～9名，2007－2017年維持在第10～12名。見表3-32。

表3-32　黑龍江省發展核算

年份	產出	要素	生產率	排名	年份	產出	要素	生產率	排名
1978	0.708	1.101	0.643	4	1998	0.373	0.400	0.934	9
1979	0.687	1.001	0.686	4	1999	0.372	0.400	0.929	8
1980	0.665	0.971	0.685	4	2000	0.375	0.394	0.952	8
1981	0.709	1.012	0.701	4	2001	0.379	0.401	0.944	8
1982	0.726	0.999	0.726	4	2002	0.398	0.418	0.952	8
1983	0.661	1.037	0.638	6	2003	0.405	0.422	0.959	8
1984	0.604	1.045	0.578	6	2004	0.467	0.452	1.031	7
1985	0.581	0.959	0.606	6	2005	0.457	0.460	0.993	8
1986	0.548	0.917	0.598	7	2006	0.466	0.482	0.968	9
1987	0.547	0.805	0.679	7	2007	0.456	0.501	0.912	10
1988	0.520	0.681	0.763	7	2008	0.480	0.626	0.767	10
1989	0.524	0.620	0.846	8	2009	0.487	0.659	0.740	10
1990	0.541	0.580	0.933	7	2010	0.500	0.702	0.712	10
1991	0.514	0.516	0.995	7	2011	0.526	0.751	0.701	11
1992	0.503	0.482	1.044	7	2012	0.542	0.809	0.671	11
1993	0.462	0.463	0.998	9	2013	0.551	0.850	0.649	12
1994	0.460	0.462	0.994	9	2014	0.545	0.870	0.626	12
1995	0.438	0.461	0.950	9	2015	0.571	0.941	0.607	11
1996	0.436	0.443	0.983	9	2016	0.579	0.905	0.640	11
1997	0.414	0.420	0.984	8	2017	0.595	0.910	0.653	12

第四章　省會與副省級城市全要素生產率比較

第一節　數據概述

一、省會城市與副省級城市

在行政區劃意義上，省會（或首府）城市與副省級城市都屬於地級行政區，但是省會（或首府）和副省級城市與其他地級行政區相比，其地位與功能方面都具有特別的意義。本書所指省會是指除了北京、天津、上海和重慶四個直轄市以及香港、澳門特別行政區和臺灣地區外的其餘27個省會（或首府）。副省級城市是中國行政架構為副省級建制的省轄市，其行政級別正式施行於1994年2月25日，其前身為計劃單列市。中國現有15座副省級城市，其中青島、大連、寧波、廈門、深圳是計劃單列市，其他均為省會城市。15個副省級城市中，8個位於東部地區，4個位於東北地區，西部地區2個，中部6省僅有武漢市是副省級城市。

二、數據處理方法

包括省會城市與副省級城市在內的地級行政區數據年限為1999－2017年，其中1999－2013年數據均來自相應年份的《中國區域統計年鑒》，其餘年份數據來自各省和地級行政區的相應統計年鑒。

所需數據包括不變價產出（地區實際生產總值）、資本存量、勞動投入和勞動者報酬份額。不變價產出以1999年各地區生產總值和隨後年份地區生產總值增長速度或指數求得。資本存量仍然按照第三章的永續盤存法計算。對於行政區域發生了變化的地區，我們根據變化前的數據和區域更改情況進行了數

據調整。

本章第二節中比較省會城市與副省級城市全要素生產率發展核算，以成都市作為比較基準。由於省會城市與副省級城市同屬於地級行政區，所以在排名比較時我們也給出了省會城市與副省級城市在總計332個地級行政區中的排名。

第二節　發展核算結果比較

一、東部

（一）石家莊市

勞均產出方面，1999—2017年，除2008年外，石家莊市在其餘年份一直略低於成都市，其中2003年低於成都市90％。1999—2007年石家莊市勞均資本存量高於成都市，相對差距在2004年達到峰值，此後石家莊市勞均資本存量領先成都市的程度逐漸削弱，直至2008年之後石家莊市勞均資本存量轉變為低於成都市的水準，又在2016年上升至與成都市相當的水準。相對全要素生產率方面，1999—2007年低於成都市，但是2008—2014年石家莊市全要素生產率領先成都市較為明顯，此後略微低於成都市，在2008—2014年略微領先成都市10％～20％，2008年、2010年最高超過20％。相對全要素生產率排名方面，石家莊市在322個地級市中逐漸從1999年的第52名左右下降至2007年的第96名，2008年上升至第29名，此後又逐漸下降到2016年的第80名；在27個省會城市排名中，石家莊市除2008—2013年進入前10名以外，其餘年份都在第10～20名。見表4-1。

表4-1　石家莊市發展核算[①]

年份	相對勞均產出	相對要素數量	相對生產率	排名1	排名3
1999	0.94	1.11	0.85	51	12
2000	0.93	1.13	0.82	52	15
2001	0.91	1.14	0.80	47	13
2002	0.9	1.23	0.73	52	13

---

① 表中「排名1」是指在332個地級市中的排名，「排名2」是指在15個副省級城市中的排名，「排名3」是指在27個省會城市中的排名。本章以下各表同。

表4-1(續)

年份	相對勞均產出	相對要素數量	相對生產率	排名1	排名3
2003	0.85	1.21	0.70	64	16
2004	0.93	1.24	0.75	82	20
2005	0.97	1.14	0.85	77	18
2006	0.97	1.15	0.84	93	19
2007	0.99	1.17	0.85	96	19
2008	1.01	0.84	1.20	29	7
2009	0.99	0.84	1.17	41	8
2010	0.97	0.81	1.20	32	6
2011	0.95	0.85	1.12	53	9
2012	0.93	0.80	1.16	52	9
2013	0.92	0.78	1.18	56	10
2014	0.91	0.83	1.10	72	13
2015	0.91	0.96	0.94	73	15
2016	0.95	1.00	0.95	80	17
2017	0.96	0.99	0.98	73	15

(二) 南京市

在1999－2017年，南京市相對勞均產出2008年之前一直超過成都市50%，總體先降後升。其中，到2017年再次超過成都市50%。1999－2017年南京市勞均資本存量一直高於成都市，相對差距在2002年達到峰值。相對全要素生產率方面，2005年、2006年、2008年、2009年、1999－2004年、2012－2014年，南京市全要素生產率略微大於1，其中2006年為最大值1.13，其餘年份略小於1。相對全要素生產率排名方面，南京市在322個地級市中逐漸從1999－2007年的第21～34名下降至2008年的第64名，2009年上升至第57名，2010－2017年從第95名上升至第77名；在15個副省級城市排名中，1999－2006維持在前10名，2007－2017年除2009年第9名外，維持在第11～13名；在27個省會城市排名中，南京市除1999－2006年進入前11名以外，其餘年份都在第12～17名。見表4-2。

表4-2 南京市發展核算

年份	相對勞均產出	相對要素數量	相對生產率	排名1	排名2	排名3
1999	1.64	1.71	0.96	31	9	9
2000	1.63	1.70	0.96	26	7	9

表 4-2（續）

年份	相對勞均產出	相對要素數量	相對生產率	排名 1	排名 2	排名 3
2001	1.61	1.71	0.94	27	8	9
2002	1.61	1.79	0.90	28	9	10
2003	1.56	1.78	0.88	34	10	11
2004	1.69	1.74	0.97	29	8	8
2005	1.62	1.54	1.05	22	7	5
2006	1.63	1.45	1.13	23	7	5
2007	1.55	1.56	0.99	48	13	12
2008	1.56	1.53	1.02	64	12	12
2009	1.45	1.39	1.05	57	9	10
2010	1.30	1.42	0.92	89	11	15
2011	1.26	1.29	0.98	95	12	17
2012	1.31	1.28	1.02	87	11	15
2013	1.36	1.35	1.01	90	11	15
2014	1.28	1.23	1.04	84	10	14
2015	1.40	1.52	0.92	77	13	16
2016	1.49	1.56	0.96	78	13	16
2017	1.51	1.56	0.97	77	12	16

（三）杭州市

杭州市勞均產出在1999—2017年一直大於1，其中2008年之前一直超過1.3。1999—2017年杭州市勞均資本存量除2013年、2014年外一直大於1，2002年達到峰值1.9。相對全要素生產率方面，1999—2004年小於1，但是2005—2017年，除2009年、2010年外，杭州市全要素生產率位於1.1～1.3。相對全要素生產率排名方面，杭州市在322個地級市中逐漸從1999年第68名上升至2007年第28名，2008年下降至第50名，2009—2017年從第96名上升至第41名；在15個副省級城市排名中，1999—2008維持在第8～14名，2009—2017年從第14名逐漸上升至第6名；在27個省會城市排名中，杭州市在1999—2007年從第15名上升至第7名，2008—2017年從第17名逐漸上升至第8名。見表4-3。

表 4-3　杭州市發展核算

年份	相對勞均產出	相對要素數量	相對生產率	排名 1	排名 2	排名 3
1999	1.42	1.84	0.77	68	13	15
2000	1.45	1.73	0.84	46	12	14
2001	1.42	1.80	0.79	49	12	14
2002	1.35	1.90	0.71	57	13	14
2003	1.34	1.88	0.71	60	14	14
2004	1.36	1.52	0.89	40	11	10
2005	1.42	1.42	1.00	38	10	10
2006	1.37	1.28	1.07	29	9	8
2007	1.40	1.29	1.08	28	8	7
2008	1.35	1.26	1.07	50	10	9
2009	1.27	1.38	0.92	87	14	17
2010	1.20	1.33	0.90	96	13	18
2011	1.16	1.12	1.04	73	10	12
2012	1.11	1.04	1.07	73	9	13
2013	1.12	0.87	1.28	42	8	7
2014	1.11	0.92	1.21	52	9	10
2015	1.13	1.04	1.08	43	9	9
2016	1.19	1.06	1.12	44	7	9
2017	1.20	1.05	1.14	41	6	8

（四）寧波市

寧波市勞均產出在1999－2017年一直高於成都市，其中2010年之前一直超過成都市30％。1999－2017年寧波市勞均資本存量除2013年、2014年外一直高於成都市，相對差距在2002年達到峰值。相對全要素生產率方面，1999－2004年低於成都市，但是2005－2017年，除2009年、2010年外，寧波市全要素生產率略微領先成都市10％～30％，2013年最高超過成都市32％。相對全要素生產率排名方面，寧波市在322個地級市中逐漸從1999的第65名上升至2007年的第29名，2008年下降至第46名，2009－2017年從第85名上升至第49名；在15個副省級城市排名中，1999－2010年維持在第9～13名，2011－2017年維持在第6～8名。見表4-4。

表 4-4 寧波市發展核算

年份	相對勞均產出	相對要素數量	相對生產率	排名 1	排名 2
1999	1.45	1.85	0.78	65	12
2000	1.41	1.69	0.84	48	13
2001	1.32	1.71	0.77	52	13
2002	1.34	1.86	0.72	54	12
2003	1.33	1.84	0.72	56	13
2004	1.40	1.52	0.92	33	10
2005	1.40	1.41	1.00	40	11
2006	1.39	1.30	1.07	30	10
2007	1.44	1.34	1.08	29	9
2008	1.47	1.34	1.09	46	9
2009	1.42	1.51	0.94	80	13
2010	1.32	1.43	0.93	85	10
2011	1.25	1.17	1.06	63	8
2012	1.18	1.09	1.09	70	8
2013	1.19	0.91	1.32	37	7
2014	1.17	0.95	1.23	46	8
2015	1.18	1.08	1.09	39	6
2016	1.22	1.10	1.10	47	8
2017	1.20	1.09	1.11	49	8

（五）福州市

福州市勞均產出在 1999－2017 年一直大於 1，其中 2010 年之前一直超過 1.3。1999－2007 年福州市勞均資本存量一直大於 1，在 2000 年達到峰值，此後福州市相對勞均資本存量逐漸下降，直至 2008 年之後福州市勞均資本存量轉變為低於 1。相對全要素生產率方面，1999－2017 年，除 2001－2003 年外，福州全要素生產率位於 1.1~1.6，2008 年最高為 1.62。相對全要素生產率排名方面，福州市排名非常靠前，在 322 個地級市中逐漸從 1999 年的第 26 名左右上升至 2008 年的第 9 名，2008－2011 年下降至第 16 名，2011－2016 年上升至第 13 名，2017 年又跌落至第 20 名；在 27 個省會城市排名中，1999－2003 年維持在第 6~8 名，2004－2017 年前進到第 3~5 名。見表 4-5。

表 4-5 福州市發展核算

年份	相對勞均產出	相對要素數量	相對生產率	排名1	排名3
1999	1.54	1.44	1.07	20	6
2000	1.52	1.53	1.00	22	7
2001	1.45	1.51	0.96	26	8
2002	1.41	1.49	0.95	23	8
2003	1.37	1.41	0.97	18	6
2004	1.41	1.33	1.06	15	5
2005	1.41	1.19	1.18	13	4
2006	1.38	1.10	1.26	11	3
2007	1.38	1.12	1.23	14	3
2008	1.43	0.89	1.62	9	3
2009	1.45	0.92	1.58	10	2
2010	1.38	0.96	1.43	11	4
2011	1.27	0.86	1.47	16	4
2012	1.20	0.78	1.54	15	5
2013	1.19	0.75	1.57	16	5
2014	1.19	0.73	1.63	13	3
2015	1.15	0.82	1.40	14	3
2016	1.17	0.82	1.43	13	3
2017	1.14	0.86	1.33	20	3

（六）廈門市

廈門市勞均產出在1999－2017年一直高出成都市，其中2007年之前一直超過成都市兩倍。1999－2010年廈門市勞均資本存量一直高於成都市，相對差距在2000年達到峰值，此後廈門市勞均資本存量領先成都市的程度逐漸削弱，直至2011年之後廈門市勞均資本存量轉變為低於成都市的水準。相對全要素生產率方面，1999－2017年，廈門市全要素生產率領先成都市20％～90％，2008年最高超過95％。相對全要素生產率排名方面，廈門市在322個地級市中除了2011年、2017年以外均在10名之內；在15個副省級城市排名中，1999－2017年均在5名之內，2004－2008年為第1名。見表4-6。

表 4-6　廈門市發展核算

年份	相對勞均產出	相對要素數量	相對生產率	排名1	排名2
1999	2.17	1.68	1.30	4	2
2000	2.19	1.80	1.21	7	2
2001	2.08	1.78	1.17	10	3
2002	2.12	1.77	1.20	8	3
2003	2.04	1.65	1.24	6	2
2004	2.17	1.61	1.35	4	1
2005	2.02	1.36	1.48	3	1
2006	2.05	1.29	1.59	2	1
2007	2.13	1.38	1.54	4	1
2008	1.99	1.02	1.95	2	1
2009	1.74	1.00	1.74	4	2
2010	1.52	1.00	1.53	5	3
2011	1.33	0.85	1.57	11	5
2012	1.21	0.74	1.63	10	5
2013	1.34	0.74	1.81	4	2
2014	1.28	0.69	1.85	6	2
2015	1.17	0.76	1.53	6	2
2016	1.15	0.75	1.54	7	2
2017	1.11	0.78	1.43	11	3

（七）濟南市

濟南市勞均產出在1999－2017年一直高出成都市，其中1999－2008年最高超過成都市60%。1999－2010年濟南市勞均資本存量一直高於成都市，相對差距在2004年達到峰值。相對全要素生產率方面，1999－2005年，除2003年外，濟南市全要素生產率約為成都市的90%，2006－2017年逐漸領先於成都市20%，2009年最高超過成都市32%。相對全要素生產率排名方面，濟南市排名較為靠前，在322個地級市中，除了2003年為第12名外，其餘年份均在第25～63名；在15個副省級城市排名中，1999－2017年除1999－2000年、2004－2007年為第10～12名以外，其餘年份均在10名之內；1999－2017年，在27個省會城市排名中，1999－2001年、2004－2006年、2013年在第10～13名之內，其餘年份均在10名之內。見表4-7。

表 4-7 濟南市發展核算

年份	相對勞均產出	相對要素數量	相對生產率	排名 1	排名 2	排名 3
1999	1.23	1.41	0.87	43	10	11
2000	1.22	1.33	0.92	35	11	11
2001	1.21	1.29	0.94	28	9	10
2002	1.22	1.31	0.93	25	8	9
2003	1.42	1.35	1.05	12	4	4
2004	1.58	1.79	0.88	42	12	12
2005	1.39	1.47	0.95	49	12	13
2006	1.45	1.45	1.00	48	12	11
2007	1.54	1.43	1.08	30	10	8
2008	1.64	1.34	1.22	25	7	5
2009	1.58	1.20	1.32	26	6	6
2010	1.56	1.36	1.14	40	6	7
2011	1.48	1.25	1.18	44	7	7
2012	1.39	1.20	1.16	51	7	8
2013	1.29	1.12	1.15	63	9	11
2014	1.52	1.20	1.27	42	7	7
2015	1.52	1.30	1.17	30	5	6
2016	1.59	1.33	1.19	31	5	6
2017	1.41	1.13	1.24	28	5	5

(八) 青島市

青島市相對勞均產出在 1999－2017 年一直高於 1。其中，1999－2008 年最高達到 1.48。1999－2010 年間青島市相對勞均資本存量一直大於 1，在 2004 年達到峰值。相對全要素生產率方面，1999－2006 年，青島市全要素生產率約為 0.9 左右，2007－2017 年，除開 2015 年、2016 年外，均為 1.1～1.2，2009 年最高達到 1.22。相對全要素生產率排名方面，青島市總體排名較高，在 322 個地級市中，從 1999 年的第 46 名逐漸上升至 2003 年的第 20 名，2004－2017 年維持在第 37～87 名；在 1999－2017 年 15 個副省級城市排名中，除開 1999 年、2004－2007 年、2012－2016 年為第 10～13 名以外，其餘年份均在第 9 名以上。見表 4-8。

表 4-8 青島市發展核算

年份	相對勞均產出	相對要素數量	相對生產率	排名 1	排名 2
1999	1.20	1.40	0.86	46	11
2000	1.24	1.31	0.95	27	8
2001	1.24	1.27	0.98	23	7
2002	1.24	1.28	0.96	22	7
2003	1.18	1.22	0.96	20	7
2004	1.26	1.53	0.82	57	13
2005	1.31	1.42	0.92	57	13
2006	1.31	1.38	0.95	63	13
2007	1.36	1.36	1.00	43	11
2008	1.48	1.30	1.13	40	8
2009	1.45	1.19	1.22	37	8
2010	1.39	1.34	1.04	54	8
2011	1.32	1.26	1.05	67	9
2012	1.30	1.25	1.04	81	10
2013	1.29	1.24	1.05	83	10
2014	1.26	1.22	1.03	87	11
2015	1.26	1.33	0.95	71	11
2016	1.33	1.39	0.96	76	12
2017	1.32	1.25	1.05	58	9

（九）廣州市

廣州市勞均產出在1999－2017年一直高於成都市，其中2008年之前一直超過成都市80％。1999－2010年廣州市勞均資本存量高於成都市，相對差距在2003年達到峰值，此後廣州市勞均資本存量領先成都市的程度逐漸削弱，直至2011年之後廣州市勞均資本存量轉變為低於成都市的水準。相對全要素生產率方面，2002年前廣州市只比成都市略高，2003年甚至低於成都市，但是此後廣州市全要素生產率逐漸明顯領先於成都市，2013年、2014年甚至達到了成都市的兩倍。相對全要素生產率排名方面，廣州市有八年在322個地級市中都是位於第2～3名，2000年到2010年也大多在20名以內，僅有2003年排在第21名；在15個副省級城市排名中，廣州市有八年位列第1名，且2010年之後一直位居首位；在27個省會城市排名中，廣州市領先優勢同樣明顯。見表4-9。

表 4-9　廣州市發展核算

年份	相對勞均產出	相對要素數量	相對生產率	排名 1	排名 2	排名 3
1999	2.40	1.76	1.37	3	1	1
2000	1.98	1.79	1.11	14	4	4
2001	1.96	1.92	1.02	17	4	5
2002	1.97	1.93	1.02	17	4	4
2003	1.96	2.04	0.96	21	8	7
2004	2.03	1.79	1.14	11	4	3
2005	2.02	1.63	1.24	10	4	2
2006	1.96	1.50	1.30	9	4	2
2007	1.91	1.44	1.33	7	4	2
2008	1.85	1.15	1.62	8	3	2
2009	1.80	1.19	1.51	11	4	3
2010	1.69	1.14	1.48	8	4	2
2011	1.77	0.99	1.79	3	1	1
2012	1.73	0.88	1.97	3	1	1
2013	1.80	0.88	2.04	3	1	1
2014	1.74	0.86	2.03	3	1	1
2015	1.70	0.99	1.72	3	1	1
2016	1.76	0.98	1.79	2	1	1
2017	1.73	0.95	1.82	2	1	1

（十）深圳市

深圳市勞均產出在 1999－2017 年一直高於成都市，其中 2010 年之前一直超過成都市 40％。1999－2010 年深圳市勞均資本存量高於成都市，相對差距在 2003 年達到峰值，此後深圳市勞均資本存量領先成都市的程度逐漸削弱，直至 2011 年之後深圳市勞均資本存量轉變為低於成都市的水準。相對全要素生產率方面，1999－2017 年，除開 2000－2003 年深圳市比成都市略低，其餘年份均超過成都市 10％～70％，2012 年最高超過成都市 72％。相對全要素生產率排名方面，深圳市總體排名極為靠前，在 322 個地級市中，從 1999 年的第 22 名逐漸下降至 2003 年的第 41 名，2003－2017 逐漸上升至第 5 名；在 15 個副省級城市排名中，1999－2003 年從第 6 名下降至第 11 名，2004－2017 年從第 6 名逐步上升至第 2 名。見表 4-10。

表 4-10　深圳市發展核算

年份	相對勞均產出	相對要素數量	相對生產率	排名 1	排名 2
1999	1.50	1.45	1.04	22	6
2000	1.47	1.56	0.94	30	9
2001	1.43	1.65	0.87	42	10
2002	1.42	1.65	0.87	35	10
2003	1.41	1.69	0.83	41	11
2004	1.48	1.47	1.00	24	6
2005	1.55	1.37	1.13	15	6
2006	1.44	1.22	1.18	15	5
2007	1.51	1.22	1.24	13	5
2008	1.54	1.02	1.51	13	5
2009	1.48	1.05	1.41	16	5
2010	1.45	1.02	1.42	13	5
2011	1.31	0.83	1.58	10	4
2012	1.27	0.74	1.72	7	4
2013	1.13	0.69	1.65	12	4
2014	1.14	0.67	1.68	8	3
2015	1.14	0.79	1.46	9	3
2016	1.20	0.78	1.53	8	3
2017	1.21	0.77	1.57	5	2

（十一）海口市

海口市勞均產出在 1999－2017 年一直低於成都市，且一直處於減弱趨勢，從 1999 年的 88％降至 2017 年的 39％。1999－2003 年海口市勞均資本存量高於成都市，相對差距在 1999 年達到峰值，此後海口市勞均資本存量領先成都市的程度逐漸削弱，直至 2004 年之後海口市勞均資本存量轉變為低於成都市的水準。相對全要素生產率方面，1999－2017 年，海口市一直比成都市低，均只達到成都市的 60％～90％，2008 年最高達到成都市的 98％。相對全要素生產率排名方面，海口市在 322 個地級市中，1999－2004 年為前 100 名，2005－2017 年除開 2008 年第 76 名外，其餘年份均在下滑，2017 年最低至第 200 名；在 27 個省會城市排名中，1999－2014 年維持在第 18～22 名左右，2015－2017 年為第 23 名。見表 4-11。

表 4-11　海口市發展核算

年份	相對勞均產出	相對要素數量	相對生產率	排名 1	排名 3
1999	0.88	1.21	0.73	82	19
2000	0.85	1.18	0.72	76	19
2001	0.80	1.17	0.69	83	20
2002	0.72	1.14	0.63	95	22
2003	0.69	1.10	0.63	98	19
2004	0.68	0.88	0.77	71	18
2005	0.67	0.86	0.78	101	20
2006	0.65	0.82	0.79	116	21
2007	0.70	0.95	0.74	148	22
2008	0.68	0.69	0.98	76	16
2009	0.63	0.75	0.84	125	22
2010	0.61	0.73	0.85	112	21
2011	0.58	0.63	0.91	110	21
2012	0.49	0.56	0.87	128	21
2013	0.45	0.56	0.80	148	21
2014	0.42	0.49	0.86	127	20
2015	0.41	0.63	0.65	168	23
2016	0.42	0.64	0.65	181	23
2017	0.39	0.65	0.60	200	23

二、中部

(一) 太原市

太原市相對勞均產出在 1999－2017 年，除開 2001 年、2005－2009 年外，一直低於 1，且總體處於下降趨勢，其中 2007 年最高達到 1.1。1999－2011 年，太原市勞均資本存量大於 1，在 2001 年達到峰值 1.57，此後太原市相對勞均資本存量逐漸下降，直至 2012 年之後低於 1。相對全要素生產率方面，1999－2017 年，太原市一直低於 1，位於 0.6～0.9，2009 年最高達到 0.91。相對全要素生產率排名方面，太原市總體位於中等靠前位置，在 322 個地級市中，1999－2017 年，除開 2001 年、2002 年、2005 年、2009 年在 100 名以內，其餘均在第 100～170 名；在 27 個省會城市排名中，1999 年、2000 年為第 24 名、2008 年為第 23 名，其餘年份均在第 18～22 名。見表 4-12。

表 4-12　太原市發展核算

年份	相對勞均產出	相對要素數量	相對生產率	排名1	排名3
1999	0.91	1.40	0.65	117	24
2000	0.93	1.43	0.65	103	24
2001	1.06	1.57	0.68	87	22
2002	0.96	1.52	0.63	93	21
2003	0.92	1.54	0.60	114	22
2004	0.95	1.36	0.70	102	21
2005	1.07	1.34	0.80	96	19
2006	1.04	1.27	0.81	107	20
2007	1.10	1.44	0.77	133	20
2008	1.09	1.48	0.73	168	23
2009	1.02	1.13	0.91	91	18
2010	0.96	1.31	0.73	158	22
2011	0.93	1.12	0.83	144	22
2012	0.80	0.95	0.85	137	22
2013	0.82	0.91	0.90	121	19
2014	0.72	0.85	0.85	129	21
2015	0.72	0.99	0.72	137	20
2016	0.73	0.97	0.75	137	20
2017	0.72	0.91	0.79	120	19

（二）合肥市

合肥市勞均產出在1999－2017年一直低於成都市，但處於上升趨勢，其中2017年達到成都市的64％。1999－2014年合肥市勞均資本存量低於成都市，2015－2017年合肥市勞均資本存量高於成都市，相對差距在2016年達到峰值。相對全要素生產率方面，1999－2017年，合肥市一直比成都市低，均只達到成都市的50％～70％，2006年、2012年最高達到成都市的71％。相對全要素生產率排名方面，合肥市總體位於中等位置，在322個地級市中，從1999年的第164名逐漸下降至2017年的第217名；在27個省會城市排名中，1999－2004年為第25名，2005－2009年為第24名，2010－2017年排名維持在第23～26名。見表4-13。

表 4-13 合肥市發展核算

年份	相對勞均產出	相對要素數量	相對生產率	排名 1	排名 3
1999	0.46	0.80	0.58	164	25
2000	0.45	0.82	0.55	169	25
2001	0.44	0.85	0.52	178	25
2002	0.44	0.88	0.50	178	25
2003	0.43	0.91	0.47	193	25
2004	0.45	0.76	0.60	164	25
2005	0.48	0.71	0.69	159	24
2006	0.50	0.70	0.71	157	24
2007	0.53	0.78	0.68	174	24
2008	0.56	0.82	0.68	192	24
2009	0.57	0.84	0.68	195	24
2010	0.59	0.88	0.66	194	26
2011	0.59	0.85	0.69	200	25
2012	0.59	0.82	0.71	193	23
2013	0.59	0.90	0.65	220	25
2014	0.59	0.91	0.65	220	25
2015	0.59	1.09	0.54	224	26
2016	0.64	1.14	0.56	229	25
2017	0.64	1.12	0.57	217	24

（三）南昌市

南昌市相對勞均產出在1999－2017年一直低於1，其中2017年達到最高為0.99。1999－2008年南昌市相對勞均資本存量低於1，除2011年外，2009－2017年南昌市勞均資本存量大於1，在2017年達到峰值。相對全要素生產率方面，1999－2017年，南昌市除2005－2008年外一直低於1，2006年、2007年最高達到1.01。相對全要素生產率排名方面，南昌市下降明顯，但總體位於中等位置，在322個地級市中，從1999年的第32名逐漸上升至2002年的第21名，2003－2017年從第24名一直下降至第152名；在27個省會城市排名中，1999－2007年維持在第7～11名，2008－2017逐漸從第14名下降至第21名。見表4-14。

表 4-14　南昌市發展核算

年份	相對勞均產出	相對要素數量	相對生產率	排名 1	排名 3
1999	0.88	0.92	0.96	32	10
2000	0.87	0.89	0.98	23	8
2001	0.86	0.89	0.97	24	7
2002	0.89	0.92	0.97	21	7
2003	0.82	0.89	0.92	24	8
2004	0.88	0.98	0.89	41	11
2005	0.94	0.94	1.00	41	11
2006	0.89	0.88	1.01	46	9
2007	0.93	0.92	1.01	40	9
2008	0.97	0.97	1.00	67	14
2009	0.97	1.12	0.87	108	19
2010	0.95	1.00	0.94	81	14
2011	0.92	0.97	0.95	101	19
2012	0.88	1.00	0.89	123	20
2013	0.89	1.04	0.86	131	20
2014	0.89	1.15	0.78	160	22
2015	0.91	1.33	0.68	151	21
2016	0.97	1.40	0.69	162	21
2017	0.99	1.40	0.71	152	21

（四）鄭州市

鄭州市勞均產出在1999－2017年，除2005年、2007年外，一直略低於成都市，2005年最高達到成都市的101％。1999－2008年鄭州市勞均資本存量高於成都市，2009－2014年略微低於成都市，2015－2017略微高於成都市，其中2003年最高。相對全要素生產率方面，1999－2017年，鄭州市除2011－2013年外一直比成都市低，均只達到成都市的60％～90％，2012年最高達到成都的108％。相對全要素生產率排名方面，鄭州市總體中等靠前但是近期下滑明顯，在322個地級市中，1999－2012年維持在第55～85名，2013－2017年逐漸從第96名下滑至第129名；在27個省會城市排名中，1999－2008年維持在第14～18名，2009－2017年從第13名逐漸下降至第20名。見表4-15。

表 4-15　鄭州市發展核算

年份	相對勞均產出	相對要素數量	相對生產率	排名 1	排名 3
1999	0.87	1.16	0.75	75	16
2000	0.93	1.23	0.76	66	17
2001	0.93	1.25	0.74	63	17
2002	0.92	1.34	0.68	70	17
2003	0.92	1.42	0.65	83	18
2004	0.95	1.16	0.82	56	14
2005	1.01	1.08	0.94	55	15
2006	0.91	1.03	0.88	80	18
2007	1.00	1.10	0.91	72	16
2008	0.99	1.02	0.97	77	17
2009	0.91	0.91	0.99	68	13
2010	0.88	0.93	0.95	79	13
2011	0.85	0.85	1.00	85	14
2012	0.82	0.76	1.08	72	12
2013	0.80	0.80	1.00	96	17
2014	0.81	0.87	0.93	112	18
2015	0.80	1.02	0.79	115	19
2016	0.81	1.00	0.81	119	19
2017	0.79	1.04	0.76	129	20

（五）武漢市

武漢市勞均產出在1999－2017年一直高於成都市，且逐漸上升，其中2008年超過成都市52％。1999－2017年武漢市勞均資本存量除2012－2014年略微低於成都市外，其餘年份均高於成都市，相對差距在2010年達到峰值。相對全要素生產率方面，1999－2017年，武漢市一直比成都市高，均超過成都市10％～40％，2012年、2013年最高超過成都市45％。相對全要素生產率排名方面，武漢市始終位居前列，在322個地級市中，1999－2003年維持在前10名，2003－2010年逐漸從第10名下滑至第45名，2011－2017年維持在第21～29名；在15個副省級城市排名中，排名均在前7名，2000年的第1名；在27個省會城市排名中，排名均在前8名，1999年、2000年最高為第2名。見表4-16。

表 4-16 武漢市發展核算

年份	相對勞均產出	相對要素數量	相對生產率	排名1	排名2	排名3
1999	1.25	1.02	1.23	8	3	2
2000	1.25	1.01	1.24	5	1	2
2001	1.28	1.05	1.22	7	2	3
2002	1.28	1.06	1.21	6	2	3
2003	1.24	1.12	1.11	10	3	3
2004	1.31	1.29	1.02	19	5	6
2005	1.39	1.17	1.19	12	5	3
2006	1.41	1.23	1.15	17	6	4
2007	1.46	1.23	1.19	16	6	4
2008	1.52	1.19	1.27	20	6	4
2009	1.51	1.15	1.30	28	7	7
2010	1.47	1.34	1.10	45	7	8
2011	1.44	1.03	1.40	21	6	6
2012	1.41	0.97	1.45	22	6	6
2013	1.41	0.98	1.45	22	6	6
2014	1.41	0.98	1.44	27	6	6
2015	1.39	1.17	1.19	29	4	5
2016	1.46	1.15	1.27	24	4	5
2017	1.45	1.13	1.28	25	4	4

（六）長沙市

長沙市勞均產出在 1999－2015 年一直低於成都市但逐漸上升，直至 2016－2017 年略微超過成都市，其中 2017 年為成都市的 107％。1999－2017 年長沙市勞均資本存量除 2004 年、2005 年、2015 年、2017 年略微高於成都市外，其餘年份均略低於成都市，相對差距在 2004 年達到峰值。相對全要素生產率方面，1999－2007 年，長沙市一直比成都市略低，2008－2017 年除 2015 年略低於成都市外，其餘年份均超過成都市 10％～20％，2014 年最高超過成都市 18％。相對全要素生產率排名方面，長沙市在 322 個地級市中，1999－2001 年從第 56 名上升至第 36 名，2002－2017 年逐漸維持在第 41～67 名；在 27 個省會城市排名中，除 2011 年第 8 名以外，其餘年份均在第 10～16 名。見表 4-17。

表 4-17　長沙市發展核算

年份	相對勞均產出	相對要素數量	相對生產率	排名 1	排名 3
1999	0.82	0.97	0.84	56	13
2000	0.80	0.93	0.86	41	12
2001	0.83	0.94	0.89	36	11
2002	0.83	0.98	0.85	41	11
2003	0.79	0.97	0.82	44	12
2004	0.85	1.06	0.81	59	15
2005	0.91	1.01	0.90	64	16
2006	0.92	0.93	0.99	50	12
2007	0.94	0.95	0.99	49	13
2008	0.97	0.96	1.01	65	13
2009	0.97	0.95	1.02	62	11
2010	0.96	0.92	1.05	53	10
2011	0.94	0.84	1.13	49	8
2012	0.93	0.83	1.12	61	11
2013	0.96	0.86	1.12	67	13
2014	0.97	0.82	1.18	56	12
2015	0.99	1.00	0.99	61	13
2016	1.06	0.99	1.07	53	10
2017	1.07	1.02	1.04	59	12

三、西部

(一) 呼和浩特市

呼和浩特市勞均產出在 1999－2004 年一直低於成都市但逐漸上升，直至 2005－2017 年略微超過成都市，其中 2009 年超過成都市 16％。1999－2017 年呼和浩特市勞均資本存量除 2013 年、2014 年、2017 年略微低於成都市外，其餘年份均略高於成都市，在 2007 年達到峰值。相對全要素生產率方面，1999－2008 年呼和浩特市一直比成都市略低，2009－2017 年，除 2010 年、2015 年略低於成都市外，其餘年份均超過成都市 10％～20％，2014 年最高超過成都市 19％。相對全要素生產率排名方面，呼和浩特市總體排名較高且逐漸上升，在 322 個地級市中，1999－2004 年從第 110 名上升至第 50 名，2007 年又掉落至第 93 名，2008－2017 年逐漸從第 85 名上升至第 45 名；在 27 個省會城市排名中，1999－2004 年從第 23 名上升至第 13 名，2005－2008 年又下

降至第 19 名，2009 年上升至第 9 名，2010－2017 年維持在第 10～14 名。見表 4-18。

表 4-18　呼和浩特市發展核算

年份	相對勞均產出	相對要素數量	相對生產率	排名 1	排名 3
1999	0.67	1.00	0.67	110	23
2000	0.74	1.09	0.68	86	22
2001	0.77	1.13	0.68	85	21
2002	0.75	1.10	0.69	69	16
2003	0.76	1.08	0.71	62	15
2004	0.86	1.01	0.85	50	13
2005	1.00	1.06	0.94	53	14
2006	1.03	1.05	0.98	52	13
2007	1.10	1.29	0.85	93	18
2008	1.14	1.20	0.95	85	19
2009	1.16	1.07	1.08	53	9
2010	1.12	1.13	0.99	67	12
2011	1.09	1.03	1.05	66	11
2012	1.06	1.03	1.03	83	14
2013	1.08	0.96	1.12	66	12
2014	1.05	0.88	1.19	54	11
2015	1.06	1.06	0.99	59	12
2016	1.12	1.05	1.06	55	11
2017	1.10	0.97	1.13	45	10

（二）南寧市

南寧市勞均產出在 1999－2017 年一直低於成都市，其中 1999 年最高，但也僅為成都市的 44%。1999－2017 年南寧市勞均資本存量年均低於成都市，相對差距在 2000 年達到峰值。相對全要素生產率方面，1999－2017 年，南寧市一直比成都市略低，只達到成都市的 50%～70%，2011 年最高達到成都市的 70%。相對全要素生產率排名方面，南寧市位於中等較為靠後且總體下降，在 322 個地級市中，1999－2006 年從第 183 名下落至第 222 名，2007－2016 年維持在第 190～229 名，2017 年降落至第 248 名；在 27 個省會城市排名中，1999－2016 年排名一直維持在第 24～26 名，2017 年為第 27 名。見表 4-19。

表 4-19　南寧市發展核算

年份	相對勞均產出	相對要素數量	相對生產率	排名 1	排名 3
1999	0.44	0.81	0.54	183	26
2000	0.44	0.82	0.54	174	26
2001	0.41	0.80	0.51	183	26
2002	0.39	0.80	0.48	189	26
2003	0.36	0.79	0.45	203	26
2004	0.37	0.70	0.53	207	26
2005	0.39	0.65	0.59	210	26
2006	0.40	0.66	0.61	222	26
2007	0.43	0.67	0.64	199	25
2008	0.39	0.63	0.62	224	26
2009	0.37	0.57	0.65	208	25
2010	0.37	0.55	0.67	190	24
2011	0.37	0.53	0.70	199	24
2012	0.37	0.57	0.65	229	25
2013	0.38	0.58	0.67	216	24
2014	0.38	0.58	0.66	214	24
2015	0.38	0.68	0.56	214	24
2016	0.40	0.68	0.59	212	24
2017	0.41	0.81	0.50	248	27

（三）成都市

由於成都市是我們比較的基準城市，其勞均產出、勞均資本存量、相對全要素生產率方面均為 1。相對全要素生產率排名方面，成都市非常靠前，在 322 個地級市中，1999－2003 年從第 24 名上升至第 17 名，2004－2014 年從第 25 名下降至第 95 名，2015 年又上升至第 56 名，然後下降至 2017 年的第 67 名；在 15 個副省級城市排名中，1999－2005 年一直維持在第 5～9 名，2006－2017 年除開 2010 年第 9 名以外，其餘年份均在第 10～13 名；在 27 個省會城市排名中，1999－2005 年一直維持在第 5～9 名，2006－2014 年從第 10 名下降至第 17 名，2015 年第 11 名，2016 年、2017 降落至第 14 名。見表 4-20。

表 4-20　成都市發展核算

年份	排名1	排名2	排名3	年份	排名1	排名2	排名3
1999	24	7	7	2009	65	10	12
2000	21	6	6	2010	65	9	11
2001	20	6	6	2011	87	11	15
2002	18	5	5	2012	93	12	16
2003	17	6	5	2013	95	12	16
2004	25	7	7	2014	95	13	17
2005	37	9	9	2015	56	10	11
2006	47	11	10	2016	65	11	14
2007	45	12	10	2017	67	11	14
2008	68	13	15				

（四）貴陽市

貴陽市勞均產出在1999—2017年一直低於成都市但逐漸上升，其中2017年最高達到成都市的83%。1999—2017年貴陽市勞均資本存量年均低於成都市，相對差距在2002年、2003年達到峰值。相對全要素生產率方面，1999—2010年，貴陽市比成都市略低，2011—2017年貴陽市比成都市略高10%～20%，2014年最高超過成都市23%。相對全要素生產率排名方面，貴陽市在322個地級市中，1999—2004年從第98名上升至第152名，2004—2016年間從第146名上升至第35名，2017年又下降至第43名；在27個省會城市排名中，1999—2010年維持在第20～23名，2011—2016年逐漸從第13名上升至第7名，2017年又下降至第9名。見表4-21。

表 4-21　貴陽市發展核算

年份	相對勞均產出	相對要素數量	相對生產率	排名1	排名3
1999	0.57	0.81	0.70	98	21
2000	0.55	0.84	0.66	100	23
2001	0.55	0.89	0.62	113	23
2002	0.53	0.92	0.58	128	23
2003	0.52	0.92	0.57	130	23
2004	0.55	0.90	0.62	152	23

表 4-21（續）

年份	相對勞均產出	相對要素數量	相對生產率	排名 1	排名 3
2005	0.58	0.83	0.70	146	23
2006	0.60	0.81	0.73	147	23
2007	0.63	0.82	0.77	137	21
2008	0.64	0.78	0.82	133	21
2009	0.64	0.75	0.86	110	20
2010	0.62	0.72	0.87	104	20
2011	0.71	0.70	1.03	76	13
2012	0.72	0.64	1.13	57	10
2013	0.76	0.62	1.21	48	9
2014	0.76	0.62	1.23	49	9
2015	0.77	0.71	1.09	42	8
2016	0.81	0.69	1.18	35	7
2017	0.83	0.73	1.14	43	9

（五）昆明市

昆明市勞均產出在1999年、2000年高於成都市，2001年開始逐漸下降，2009年又開始逐漸回升，其中，1999年最高達到成都市的104%。1999－2004年昆明市勞均資本存量均高於成都市，此後昆明市勞均資本存量領先成都市的程度逐漸削弱，直至2005年之後昆明市勞均資本存量轉變為低於成都市的水準，相對差距在2000年達到峰值。相對全要素生產率方面，1999－2007年昆明市比成都市略低，2007－2017年，除2009年、2010年略低外，其餘年份昆明市比成都市略高10%～30%，2012年、2013年最高超過成都市28%。相對全要素生產率排名方面，昆明市在322個地級市中，1999年從第61名下降至第78名，2005年上升至第44名，2010年又下降至第90名，在2017年上升至第34名；在27個省會城市排名中，1999年為第14名，2000年下降至第20名，2001－2017年從第18名逐漸上升至第7名。見表4-22。

表 4-22　昆明市發展核算

年份	相對勞均產出	相對要素數量	相對生產率	排名 1	排名 3
1999	1.04	1.30	0.80	61	14
2000	1.00	1.40	0.72	78	20

表4-22（續）

年份	相對勞均產出	相對要素數量	相對生產率	排名1	排名3
2001	0.92	1.29	0.71	72	18
2002	0.91	1.34	0.68	73	18
2003	0.88	1.29	0.69	66	17
2004	0.88	1.11	0.79	65	16
2005	0.84	0.86	0.97	44	12
2006	0.78	0.81	0.97	57	14
2007	0.75	0.79	0.95	62	14
2008	0.75	0.71	1.06	51	10
2009	0.77	0.78	0.99	69	14
2010	0.78	0.85	0.92	90	16
2011	0.77	0.73	1.06	64	10
2012	0.78	0.61	1.28	36	7
2013	0.83	0.65	1.28	43	8
2014	0.82	0.67	1.24	45	8
2015	0.81	0.79	1.03	53	10
2016	0.85	0.74	1.15	38	8
2017	0.85	0.70	1.21	34	7

（六）拉薩市

拉薩市勞均產出在2002－2010年高於成都市，其餘年份均要略低於成都市，其中2006年、2007年最高達到成都市的109％。1999－2017年拉薩市勞均資本存量除開2005年、2007年以外均低於成都市，相對差距在2005年達到峰值。相對全要素生產率方面，1999－2017年，拉薩市一直比成都市高10％～60％，2000年最高超過成都市66％。相對全要素生產率排名方面，拉薩市非常靠前，在322個地級市中，1999年是第11名，2000年上升至第2名，2000－2004年一直維持在前10名，2005－2010年從第30名上升至第10名，2011－2017年從第12名逐漸下降至第30名；在27個省會城市排名中，1999年第4名，2000－2004年除開2003年以外都是第1名，2005－2017年維持在第3～7名。見表4-23。

表 4-23　拉薩市發展核算

年份	相對勞均產出	相對要素數量	相對生產率	排名1	排名3
1999	0.93	0.78	1.20	11	4
2000	0.97	0.58	1.66	2	1
2001	0.85	0.60	1.42	4	1
2002	1.00	0.71	1.41	3	1
2003	1.00	0.87	1.14	9	2
2004	1.06	0.84	1.27	5	1
2005	1.07	1.04	1.03	30	7
2006	1.09	0.97	1.12	25	7
2007	1.09	1.01	1.08	27	6
2008	1.08	0.88	1.22	27	6
2009	1.05	0.76	1.39	20	4
2010	1.03	0.71	1.44	10	3
2011	0.98	0.64	1.53	12	3
2012	0.90	0.58	1.56	14	4
2013	0.94	0.58	1.61	14	4
2014	0.92	0.58	1.59	15	4
2015	0.87	0.69	1.26	20	4
2016	0.87	0.68	1.27	22	4
2017	0.86	0.70	1.23	30	6

（七）西安市

西安市勞均產出在1999－2017年一直低於成都市，其中2008年、2009年、2016年最高達到成都市的83％。1999－2017年西安市勞均資本存量除開2000年以外均高於成都市，相對差距在2010年達到峰值。相對全要素生產率方面，1999－2017年，西安市一直是低於成都市的，平均只達到成都市的60％～80％，2009年最高達到成都市的81％。相對全要素生產率排名方面，西安市處於中等略微靠後但是波動較大，在322個地級市中，1999年是第103名，2000年上升至第62名，2001年、2002年一直維持在前80名，2003－2012年從第104名下降至第223名，2013－2017年逐漸維持在第160～197

名；在 15 個副省級城市排名中，1999－2017 年除了 2000 年、2001 年為第 14 名以外，其餘年份一直維持在第 15 名；在 27 個省會城市排名中，1999－2001 年從第 22 名上升至第 16 名，2002 年第 19 名，2003－2017 年維持在第 21～25 名。見表 4-24。

表 4-24　西安市發展核算

年份	相對勞均產出	相對要素數量	相對生產率	排名 1	排名 2	排名 3
1999	0.74	1.07	0.69	103	15	22
2000	0.77	0.99	0.77	62	14	16
2001	0.76	1.00	0.76	56	14	16
2002	0.74	1.11	0.67	80	15	19
2003	0.71	1.17	0.61	104	15	21
2004	0.75	1.09	0.69	109	15	22
2005	0.78	1.00	0.78	104	15	21
2006	0.78	1.02	0.76	132	15	22
2007	0.80	1.12	0.72	159	15	23
2008	0.83	1.08	0.77	155	15	22
2009	0.83	1.03	0.81	140	15	23
2010	0.82	1.23	0.67	192	15	25
2011	0.80	1.13	0.70	195	15	23
2012	0.77	1.15	0.66	223	15	24
2013	0.78	1.11	0.70	197	15	23
2014	0.78	1.06	0.74	176	15	23
2015	0.80	1.22	0.65	160	15	22
2016	0.83	1.21	0.69	168	15	22
2017	0.76	1.22	0.63	189	15	22

（八）蘭州市

蘭州市勞均產出在 1999－2017 年一直低於 1，其中 2008 年最高達到 0.91。1999－2009 年蘭州市勞均資本存量除開 2006 年、2008 年以外均大於 1，此後蘭州市相對勞均資本存量逐漸下降，直至 2010 年之後低於 1。相對全要

素生產率方面,1999－2017年,除開2010年、2013年、2014年、2017年以外,蘭州市一直低於1,平均達到0.6～0.9,2017年最高達到1.07。相對全要素生產率排名方面,蘭州市在322個地級市中,1999－2004年維持在第45～99名,2005年降落至第110名,2006－2017年,除開2009年在第121名以外,其餘年份均在第52～99名;在27個省會城市排名中,1999－2017年,除了2010年第9名以外,其餘年份均在第11～22名。見表4-25。

表4-25 蘭州市發展核算

年份	相對勞均產出	相對要素數量	相對生產率	排名1	排名3
1999	0.87	1.18	0.74	79	18
2000	0.88	1.05	0.84	45	13
2001	0.89	1.14	0.78	51	15
2002	0.81	1.22	0.67	82	20
2003	0.78	1.26	0.62	99	20
2004	0.83	1.08	0.78	70	17
2005	0.87	1.16	0.76	110	22
2006	0.88	0.93	0.95	64	16
2007	0.90	1.00	0.90	80	17
2008	0.91	0.96	0.95	87	20
2009	0.87	1.03	0.85	121	21
2010	0.80	0.76	1.05	52	9
2011	0.81	0.82	0.99	93	16
2012	0.76	0.78	0.98	99	17
2013	0.80	0.78	1.03	86	14
2014	0.78	0.75	1.04	86	15
2015	0.78	0.86	0.91	80	17
2016	0.80	0.83	0.97	73	15
2017	0.77	0.72	1.07	57	11

(九) 西寧市

西寧市勞均產出在1999－2017年一直低於成都市,其中2017年最高達到成都市的47%。1999－2009年西寧市勞均資本存量除開2015年以外均低於成都

市，相對差距在 2015 年達到峰值。相對全要素生產率方面，1999－2017 年西寧市一直是低於成都市的，平均達到成都市的 40%～60%，2008 年最高達到成都市的 60%。相對全要素生產率排名方面，西寧市在 322 個地級市中，1999－2007 年從第 223 名降落至第 267 名，2008 年又上升至第 236 名，2012 年下降至第 277 名，2017 年上升至第 225 名；在 27 個省會城市排名中，1999－2017 年，除了 2017 年為第 25 名以外，其餘年份均在第 27 名。見表 4-26。

表 4-26　西寧市發展核算

年份	相對勞均產出	相對要素數量	相對生產率	排名 1	排名 3
1999	0.38	0.79	0.48	223	27
2000	0.37	0.78	0.47	227	27
2001	0.35	0.81	0.43	240	27
2002	0.34	0.86	0.39	252	27
2003	0.32	0.84	0.38	261	27
2004	0.34	0.71	0.47	249	27
2005	0.35	0.69	0.50	261	27
2006	0.35	0.66	0.53	262	27
2007	0.34	0.66	0.52	267	27
2008	0.37	0.63	0.60	236	27
2009	0.38	0.64	0.59	237	27
2010	0.39	0.73	0.53	254	27
2011	0.38	0.68	0.56	259	27
2012	0.39	0.76	0.51	277	27
2013	0.42	0.80	0.53	270	27
2014	0.43	0.80	0.54	264	27
2015	0.43	1.00	0.43	275	27
2016	0.46	0.95	0.48	254	27
2017	0.47	0.85	0.55	225	25

（十）銀川市

銀川市勞均產出在 1999－2017 年一直低於成都市，其中 1999 年最高達到成都市的 78%。1999－2003 年銀川市勞均資本存量除開 2001 年以外均高於成

都市，此後銀川市勞均資本存量領先成都市的程度逐漸削弱，直至 2003 年之後銀川市勞均資本存量轉變為低於成都市的水準，1999 年達到峰值 1.07。相對全要素生產率方面，1999－2017 年銀川市一直是低於成都市的，平均只達到成都市的 50%～70%，1999 年最高達到成都市的 73%。相對全要素生產率排名方面，銀川市在 322 個地級市中，2000 年以前是前 85 名，2001－2008 年從第 148 名下落至第 222 名，2009－2017 年，除開 2010 年第 175 名外，其餘年份均在第 216～249 名；在 27 個省會城市排名中，1999－2017 年從第 20 名逐漸下降至第 26 名。見表 4-27。

表 4-27　銀川市發展核算

年份	相對勞均產出	相對要素數量	相對生產率	排名 1	排名 3
1999	0.78	1.07	0.73	83	20
2000	0.72	1.05	0.68	85	21
2001	0.56	0.99	0.56	148	24
2002	0.55	1.02	0.54	154	24
2003	0.53	1.03	0.51	164	24
2004	0.53	0.87	0.61	154	24
2005	0.58	0.88	0.65	169	25
2006	0.55	0.83	0.66	179	25
2007	0.58	0.94	0.62	216	26
2008	0.56	0.90	0.62	222	25
2009	0.55	0.88	0.63	216	26
2010	0.60	0.86	0.70	175	23
2011	0.52	0.85	0.62	236	26
2012	0.48	0.82	0.59	249	26
2013	0.52	0.84	0.62	233	26
2014	0.50	0.81	0.62	233	26
2015	0.48	0.88	0.55	220	25
2016	0.52	0.95	0.54	233	26
2017	0.51	0.98	0.52	242	26

（十一）烏魯木齊市

烏魯木齊市勞均產出在 1999—2017 年一直高於成都市，其中 1999 年最高超過成都市 42%。1999—2007 年，烏魯木齊市勞均資本存量均高於成都市，此後烏魯木齊市勞均資本存量領先成都市的程度逐漸削弱，直至 2008 年之後烏魯木齊市勞均資本存量轉變為低於成都市的水準，相對差距在 2000 年達到峰值。相對全要素生產率方面，1999—2017 年烏魯木齊市除開 2002 年、2003 年、2006 年以外，一直是高於成都市的，平均超過成都市 10%～70%，2013 年最高超過成都市 74%。相對全要素生產率排名方面，烏魯木齊市在 322 個地級市中，1999—2002 年在第 10～20 名，2003—2006 年從第 26 名逐漸下降至第 58 名，2007—2017 年從第 46 名逐漸上升至第 8 名；在 27 個省會城市排名中，1999—2006 年從 3 名逐漸下降至第 15 名，2007—2017 年從第 11 名逐漸上升至第 2 名。見表 4-28。

表 4-28　烏魯木齊市發展核算

年份	相對勞均產出	相對要素數量	相對生產率	排名 1	排名 3
1999	1.42	1.18	1.20	10	3
2000	1.50	1.44	1.04	20	5
2001	1.40	1.29	1.08	15	4
2002	1.33	1.36	0.98	20	6
2003	1.18	1.29	0.91	26	9
2004	1.18	1.11	1.06	14	4
2005	1.11	1.11	1.00	36	8
2006	1.07	1.11	0.96	58	15
2007	1.08	1.09	1.00	46	11
2008	1.12	0.95	1.18	34	8
2009	1.12	0.82	1.36	22	5
2010	1.09	0.85	1.28	26	5
2011	1.08	0.76	1.41	20	5
2012	1.11	0.69	1.61	12	3
2013	1.18	0.67	1.74	7	2
2014	1.05	0.63	1.67	11	2
2015	1.03	0.66	1.55	5	2
2016	1.05	0.65	1.60	5	2
2017	1.02	0.68	1.50	8	2

四、東北

(一) 瀋陽市

瀋陽市勞均產出在 1999－2017 年一直高於成都市，其中 2007－2012 年超過成都市 2 倍以上。1999－2017 年瀋陽市勞均資本存量均高於成都市，相對差距在 2017 年達到峰值。相對全要素生產率方面，1999－2003 年瀋陽市一直略低於成都，2004－2016 年瀋陽市超過成都市 20％～90％，2017 年又略低於成都市，2012 年最高超過成都市 87％。相對全要素生產率排名方面，瀋陽市在 322 個地級市中，1999－2002 年從第 29 名下降至第 42 名，2003－2010 年從第 27 名逐漸上升至第 3 名，2011－2017 年從第 4 名逐漸下降至第 79 名；在 15 個副省級城市排名中，1999－2001 年從第 8 名下降至第 11 名，2002－2010 年從第 11 名上升至第 1 名，2011－2017 年從第 2 名逐漸下降至第 13 名；在 27 個省會城市排名中，1999－2002 年從第 8 名下降至第 12 名，2003－2010 年從第 10 名迅速上升至第 1 名，2011－2017 年又從第 2 名迅速下降至第 17 名。見表 4-29。

表 4-29　瀋陽市發展核算

年份	相對勞均產出	相對要素數量	相對生產率	排名 1	排名 2	排名 3
1999	1.36	1.39	0.98	29	8	8
2000	1.46	1.56	0.93	31	10	10
2001	1.32	1.54	0.86	43	11	12
2002	1.30	1.55	0.84	42	11	12
2003	1.35	1.49	0.91	27	9	10
2004	1.66	1.39	1.19	8	3	2
2005	1.76	1.31	1.34	6	3	1
2006	1.90	1.35	1.41	7	3	1
2007	2.13	1.50	1.41	5	2	1
2008	2.32	1.42	1.63	6	2	1
2009	2.25	1.27	1.78	3	1	1
2010	2.13	1.22	1.74	3	1	1
2011	2.07	1.18	1.75	4	2	2
2012	2.00	1.07	1.87	4	2	2

表4-29（續）

年份	相對勞均產出	相對要素數量	相對生產率	排名1	排名2	排名3
2013	1.85	1.09	1.70	9	3	3
2014	1.69	1.11	1.52	18	4	5
2015	1.62	1.49	1.09	41	8	7
2016	1.58	1.51	1.05	59	9	12
2017	1.55	1.63	0.95	79	13	17

（二）大連市

大連市勞均產出在1999－2017年一直高於成都市，年均一直超過成都市40%以上，最高超過90%。1999－2017年除開2012年、2013年以外，大連市勞均資本存量均高於成都市，相對差距在2001年達到峰值。相對全要素生產率方面，1999－2017年大連市一直是略高於成都市的，1999－2017年大連市超過成都市10%～70%，2012年最高超過成都市74%。相對全要素生產率排名方面，大連市在322個地級市中，1999－2002年從第13名下降至第19名，2003－2010年除開2008年第11名以外從第13名逐漸上升至第4名，2011－2017年從第5名逐漸下降至第48名；在15個副省級城市排名中，1999－2002年從第4名下降至第6名，2003－2006年從第6名逐漸上升至第2名，2007－2017年從第3名逐漸下降至第7名。見表4-30。

表4-30 大連市發展核算

年份	相對勞均產出	相對要素數量	相對生產率	排名1	排名2
1999	1.86	1.58	1.17	13	4
2000	1.81	1.71	1.06	16	5
2001	1.77	1.75	1.02	18	5
2002	1.72	1.73	1.00	19	6
2003	1.65	1.59	1.04	14	5
2004	1.66	1.33	1.25	6	2
2005	1.70	1.23	1.39	5	2
2006	1.70	1.20	1.42	6	2
2007	1.79	1.31	1.36	6	3
2008	1.90	1.23	1.54	11	4
2009	1.90	1.13	1.68	6	3

表4-30(續)

年份	相對勞均產出	相對要素數量	相對生產率	排名1	排名2
2010	1.85	1.10	1.68	4	2
2011	1.71	1.05	1.64	5	3
2012	1.67	0.96	1.74	5	3
2013	1.60	0.99	1.61	15	5
2014	1.47	1.02	1.44	26	5
2015	1.52	1.39	1.09	40	7
2016	1.67	1.41	1.19	33	6
2017	1.69	1.52	1.11	48	7

(三）長春市

長春市勞均產出在1999－2017年除開2004年以外，一直高於成都市，最高超過成都市35％以上。1999－2005年除開2004年以外，長春市勞均資本存量均低於成都市，2006－2017年略微超過成都市，相對差距在2010年達到峰值。相對全要素生產率方面，1999－2008年長春市除開2004年以外，一直是略高於成都市的，2004－2017年逐漸下落，2003年最高超過成都市31％。相對全要素生產率排名方面，長春市在322個地級市中，1999－2003年從第18名上升至第4名，2004－2013年從第31名逐漸下降至第152名，2014－2017年維持在第109～117名；在15個副省級城市排名中，1999－2003年從第5名上升至第1名，2004－2017年從第9名下降並維持在第14名；在27個省會城市排名中，1999－2003年從第5名上升至第1名，2004－2013年逐漸下降至第22名，2014－2017年又從第22名逐漸上升至第18名。見表4-31。

表4-31　長春市發展核算

年份	相對勞均產出	相對要素數量	相對生產率	排名1	排名2	排名3
1999	1.03	0.96	1.08	18	5	5
2000	1.07	0.96	1.11	12	3	3
2001	1.05	0.83	1.26	5	1	2
2002	1.13	0.88	1.28	5	1	2
2003	1.09	0.83	1.31	4	1	1
2004	0.96	1.01	0.95	31	9	9
2005	1.03	0.99	1.04	25	8	6
2006	1.15	1.03	1.12	24	8	6

表 4-31(續)

年份	相對勞均產出	相對要素數量	相對生產率	排名 1	排名 2	排名 3
2007	1.24	1.14	1.09	26	7	5
2008	1.31	1.26	1.04	56	11	11
2009	1.35	1.41	0.96	75	11	15
2010	1.31	1.43	0.91	91	12	17
2011	1.22	1.29	0.95	100	13	18
2012	1.22	1.29	0.94	110	14	19
2013	1.09	1.37	0.79	152	14	22
2014	1.03	1.14	0.91	117	14	19
2015	1.00	1.25	0.80	111	14	18
2016	1.04	1.24	0.84	109	14	18
2017	1.01	1.25	0.80	113	14	18

(四) 哈爾濱市

哈爾濱市勞均產出除開 2000 年以外，1999－2004 年一直略低於 1，2005－2017 年除開 2013 年以外略超過 1，最大值為 1.16。1999－2017 年哈爾濱市勞均資本存量均高於 1，2000 年達到峰值。相對全要素生產率方面，1999－2013 年哈爾濱市一直略低於 1，2014－2017 年除 2015 年外略微超過 1，2017 年最高達到成都市的 104%。相對全要素生產率排名方面，哈爾濱市總體排名較為靠前，在 322 個地級市中，1999－2003 年從第 76 名上升至第 50 名，2004－2009 年維持在第 64～79 名，2010－2017 年從第 100 名逐漸上升至第 61 名；在 15 個副省級城市排名中，1999－2011 年維持在第 12～15 名，2011－2017 年從第 14 名逐漸上升至第 10 名；在 27 個省會城市排名中，1999－2017 年除開 2011 年第 20 名外，其他年份維持在第 13～19 名。見表 4-32。

表 4-32 哈爾濱市發展核算

年份	相對勞均產出	相對要素數量	相對生產率	排名 1	排名 2	排名 3
1999	0.95	1.27	0.75	76	14	17
2000	1.00	1.39	0.72	75	15	18
2001	0.86	1.21	0.71	74	15	19
2002	0.85	1.20	0.71	59	14	15
2003	0.94	1.23	0.77	50	12	13
2004	0.99	1.31	0.75	79	14	19

表4-32(續)

年份	相對勞均產出	相對要素數量	相對生產率	排名1	排名2	排名3
2005	1.03	1.21	0.85	76	14	17
2006	1.05	1.16	0.91	75	14	17
2007	1.08	1.16	0.94	64	14	15
2008	1.15	1.19	0.97	79	14	18
2009	1.15	1.21	0.95	78	12	16
2010	1.16	1.31	0.89	100	14	19
2011	1.13	1.21	0.94	103	14	20
2012	1.08	1.11	0.98	100	13	18
2013	0.99	1.03	0.96	109	13	18
2014	1.03	1.02	1.01	91	12	16
2015	1.08	1.15	0.94	72	12	14
2016	1.14	1.12	1.02	62	10	13
2017	1.14	1.10	1.04	61	10	13

第五章 其他地級行政區全要素生產率比較

第一節 地區說明

　　地級行政區是中華人民共和國的第二級行政區，介於省級行政區與縣級行政區之間，由省級行政區（僅限於省、自治區）管轄。因其所含行政區域行政地位與地區相同，故稱「地級行政區」。地級行政區包括地級市、地區、自治州、盟。進入21世紀以來，中國地級行政區數量逐漸穩定，地級市數量約占地級行政區總數的88%，地級市已逐漸取代地區成為地級行政區的主體。2017年年底[①]，中國（大陸）共計334個地級行政區，包括294個地級市、7個地區、30個自治州、3個盟。

　　所有334個地級行政區中，三沙市於2012年批准建立，儋州市於2015年批准建立，且這兩個地區基本數據極為缺乏，所以本章其他（或一般）地級行政區比較時並不包括這兩個地區。此外，省會城市和副省級城市因其具有特殊性，我們已在第四章進行了專門討論，所以本章僅僅比較分析剩餘的300個地級行政區。

　　本章數據處理方法和第四章相同，發展核算比較基準地區仍然是成都市。

[①] 由於數據可獲得性原因，本書生產率比較分析數據截止時間均為2017年年底。

第二節　發展核算結果比較

一、東部

（一）河北省

總體來看，河北省大部分地區在 19 年間的排名呈先升後降趨勢。在這 10 個地級市中，廊坊市、唐山市和秦皇島市排名非常靠前，其中前兩者始終在 300 個一般地級市中排名前 50 位，後者也在大部分年份位於 50 名以內。其次是衡水市、保定市、邯鄲市和邢臺市，其中前兩者大部分年份位於 100 名左右，後兩者也在大部分年份位於 150 名左右。最後是張家口市、滄州市和承德市，其中前兩者大部分年份位於 150～200 名，後者位於 200～250 名，在 300 個一般地級行政區中處於較為靠後的位置。見表 5-1。

表 5-1　河北省地級市發展核算結果①

年份	唐山市 TFP	排名1	排名2	秦皇島市 TFP	排名1	排名2	邯鄲市 TFP	排名1	排名2	邢臺市 TFP	排名1	排名2	保定市 TFP	排名1	排名2
1999	0.94	35	22	0.82	59	42	0.63	127	98	0.60	153	124	0.60	152	123
2000	0.92	36	21	0.79	55	35	0.61	130	101	0.58	149	120	0.59	141	112
2001	0.91	31	18	0.75	57	36	0.59	126	98	0.56	149	120	0.58	144	116
2002	0.85	39	25	0.71	58	39	0.56	136	108	0.53	161	132	0.54	152	124
2003	0.82	43	28	0.68	69	47	0.55	142	114	0.50	175	146	0.53	153	125
2004	0.87	44	28	0.73	86	61	0.59	167	137	0.55	185	155	0.56	166	136
2005	1.02	33	23	0.82	82	59	0.68	160	131	0.62	189	159	0.67	162	133
2006	1.03	37	25	0.83	96	72	0.70	160	131	0.63	206	176	0.67	172	143
2007	1.06	31	19	0.87	90	68	0.71	161	133	0.63	202	172	0.69	167	139
2008	1.50	14	8	1.20	30	20	0.90	103	78	0.80	139	113	0.90	102	77

---

① 表中「TFP」是指發展核算方法相對全要素生產率，「排名 1」是指在全部 332 個地級市中的排名，「排名 2」是指在除了省會和副省級城市外的 300 個地級市中的排名。表中地級市不包括省會城市和副省級城市。本章以下各表同。

表5-1(續)

年份	唐山市 TFP	排名1	排名2	秦皇島市 TFP	排名1	排名2	邯鄲市 TFP	排名1	排名2	邢臺市 TFP	排名1	排名2	保定市 TFP	排名1	排名2
2009	1.42	13	8	1.16	42	30	0.82	130	103	0.76	155	127	0.88	103	80
2010	1.46	9	5	1.23	29	21	0.84	115	89	0.78	141	115	0.90	95	73
2011	1.36	26	17	1.19	42	33	0.80	151	124	0.75	170	143	0.89	117	91
2012	1.40	27	18	1.20	46	36	0.79	155	128	0.76	166	139	0.92	111	87
2013	1.44	25	16	1.22	47	35	0.78	158	131	0.76	168	141	0.91	115	92
2014	1.31	39	30	1.12	67	51	0.71	185	157	0.70	194	166	0.86	128	103
2015	1.11	36	28	0.95	70	53	0.60	194	166	0.58	202	174	0.73	134	110
2016	1.12	42	31	0.99	70	52	0.61	203	175	0.60	207	179	0.75	133	109
2017	1.15	40	31	1.04	60	43	0.62	192	165	0.61	194	167	0.77	127	103

年份	張家口市 TFP	排名1	排名2	承德市 TFP	排名1	排名2	滄州市 TFP	排名1	排名2	廊坊市 TFP	排名1	排名2	衡水市 TFP	排名1	排名2
1999	0.58	162	133	0.52	196	165	0.56	176	146	0.98	28	18	0.69	102	76
2000	0.56	162	133	0.48	217	186	0.54	175	144	0.95	29	17	0.65	108	79
2001	0.52	174	145	0.48	207	176	0.53	171	142	0.92	30	17	0.63	104	77
2002	0.51	174	145	0.44	215	184	0.49	183	153	0.85	38	24	0.60	114	87
2003	0.49	177	148	0.42	227	196	0.47	192	163	0.79	46	30	0.56	133	105
2004	0.55	183	153	0.48	245	214	0.54	191	161	0.80	60	40	0.62	151	124
2005	0.63	181	151	0.55	244	213	0.62	188	158	0.92	59	39	0.70	145	118
2006	0.65	191	161	0.57	242	211	0.64	200	170	0.94	69	48	0.68	167	138
2007	0.65	187	158	0.59	232	201	0.64	200	170	0.95	60	42	0.66	184	155
2008	0.77	157	130	0.74	165	138	0.81	137	111	1.33	19	13	0.88	115	90
2009	0.73	167	139	0.70	182	154	0.77	154	126	1.25	36	26	0.86	113	88
2010	0.73	156	130	0.70	174	147	0.79	136	110	1.31	23	16	0.91	93	71
2011	0.69	203	173	0.67	214	184	0.75	171	144	1.22	40	31	0.89	118	92
2012	0.68	208	180	0.69	207	179	0.76	168	141	1.25	38	28	0.92	112	88
2013	0.67	217	188	0.69	201	173	0.77	164	137	1.31	38	28	0.94	110	87

表5-1(續)

年份	張家口市 TFP	排名1	排名2	承德市 TFP	排名1	排名2	滄州市 TFP	排名1	排名2	廊坊市 TFP	排名1	排名2	衡水市 TFP	排名1	排名2
2014	0.61	237	206	0.64	228	198	0.69	197	169	1.22	51	38	0.89	121	97
2015	0.51	238	207	0.53	231	200	0.58	200	172	1.06	47	34	0.76	121	97
2016	0.52	245	214	0.54	235	204	0.60	209	181	1.09	50	37	0.79	120	96
2017	0.53	236	206	0.54	228	198	0.60	201	173	1.11	50	36	0.81	111	89

（二）江蘇省

總體來看，江蘇省大部分地區在19年間的排名呈先升後降趨勢。在這12個地級市中，無錫市、鎮江市、蘇州市和常州市排名非常靠前，其中前三者始終在300個一般地級市中排名前50位，後者也在大部分年份位於50名以內。其次是徐州市、南通市、鹽城市、揚州市和泰州市，這五者大部分年份位於50～100名。最後是連雲港市、淮陰市和宿遷市，其中前兩者大部分年份位於150～200名，後者位於200～250名，在300個一般地級行政區中處於較為靠後的位置。見表5-2。

表5-2　江蘇省地級市發展核算結果

年份	無錫市 TFP	排名1	排名2	徐州市 TFP	排名1	排名2	常州市 TFP	排名1	排名2	蘇州市 TFP	排名1	排名2
1999	1.21	9	6	0.61	148	119	0.86	48	33	1.11	15	9
2000	1.22	6	4	0.60	134	105	0.91	37	22	1.11	13	9
2001	1.23	6	4	0.59	129	101	0.89	37	23	1.09	13	9
2002	1.17	9	5	0.58	124	97	0.85	40	26	1.07	13	9
2003	1.09	11	7	0.59	116	89	0.84	40	26	1.05	13	8
2004	1.18	9	5	0.68	114	87	0.90	39	26	1.14	10	6
2005	1.34	7	4	0.74	119	92	0.98	43	28	1.26	8	5
2006	1.43	5	4	0.79	117	91	1.02	39	27	1.33	8	5
2007	1.30	10	6	0.75	143	117	0.92	67	47	1.18	17	10
2008	1.33	18	12	0.76	161	134	0.91	98	73	1.21	28	19
2009	1.41	15	10	0.78	149	121	0.93	85	64	1.27	31	21

表5-2(續)

年份	無錫市			徐州市			常州市			蘇州市		
	TFP	排名1	排名2	TFP	排名1	排名2	TFP	排名1	排名2	TFP	排名1	排名2
2010	1.28	27	19	0.73	160	133	0.84	117	91	1.16	38	29
2011	1.39	24	15	0.79	154	127	0.97	96	74	1.24	36	27
2012	1.41	25	16	0.85	133	107	0.99	97	76	1.18	48	38
2013	1.40	30	21	0.85	132	107	0.99	103	81	1.16	59	45
2014	1.48	19	12	0.89	122	98	1.05	82	65	1.22	50	37
2015	1.23	22	16	0.75	129	105	0.89	89	67	1.03	52	39
2016	1.28	21	16	0.76	126	102	0.93	87	65	1.08	51	38
2017	1.30	24	19	0.76	130	105	0.94	81	59	1.10	52	38

年份	連雲港市			淮陰市			鹽城市			揚州市		
	TFP	排名1	排名2	TFP	排名1	排名2	TFP	排名1	排名2	TFP	排名1	排名2
1999	0.59	156	127	0.51	206	175	0.62	140	111	0.71	88	63
2000	0.55	172	142	0.49	212	181	0.63	120	91	0.72	77	53
2001	0.52	179	149	0.49	195	164	0.62	111	84	0.70	80	56
2002	0.50	180	150	0.48	192	161	0.60	109	82	0.67	79	56
2003	0.50	172	143	0.45	206	175	0.61	103	78	0.67	74	52
2004	0.56	179	149	0.52	220	189	0.72	91	66	0.77	73	50
2005	0.63	179	149	0.59	215	184	0.83	80	57	0.88	69	48
2006	0.67	178	149	0.62	213	183	0.89	79	57	0.94	66	45
2007	0.60	230	199	0.58	242	211	0.83	102	78	0.87	87	65
2008	0.60	237	205	0.56	253	221	0.84	123	98	0.87	116	91
2009	0.59	234	203	0.54	258	226	0.86	114	89	0.89	97	74
2010	0.55	249	218	0.51	266	234	0.79	135	109	0.83	124	98
2011	0.59	244	213	0.54	263	231	0.86	127	101	0.88	120	94
2012	0.68	209	181	0.57	255	224	0.80	154	127	0.96	106	83
2013	0.69	202	174	0.65	224	194	0.81	143	118	0.96	107	85
2014	0.72	182	154	0.68	201	173	0.85	130	104	1.02	88	68

表5-2(續)

年份	連雲港市 TFP	排名1	排名2	淮陰市 TFP	排名1	排名2	鹽城市 TFP	排名1	排名2	揚州市 TFP	排名1	排名2
2015	0.60	189	161	0.58	209	181	0.72	140	115	0.86	93	71
2016	0.61	199	171	0.60	208	180	0.74	140	115	0.89	95	73
2017	0.61	197	170	0.59	211	183	0.73	139	114	0.88	91	69

年份	泰州市 TFP	排名1	排名2	宿遷市 TFP	排名1	排名2	南通市 TFP	排名1	排名2	鎮江市 TFP	排名1	排名2
1999	0.61	146	117	0.42	268	236	0.63	130	101	0.85	49	34
2000	0.62	125	96	0.41	265	233	0.63	119	90	0.85	43	27
2001	0.61	115	87	0.39	261	229	0.63	105	78	0.88	40	26
2002	0.59	120	93	0.38	261	229	0.63	100	73	0.86	37	23
2003	0.60	110	84	0.38	263	231	0.60	109	83	0.87	36	22
2004	0.70	101	76	0.45	266	234	0.70	100	75	0.97	30	19
2005	0.79	99	75	0.52	252	221	0.80	94	71	1.12	18	11
2006	0.86	89	66	0.54	256	225	0.86	88	65	1.21	14	9
2007	0.80	117	93	0.50	274	242	0.81	110	86	1.13	21	14
2008	0.79	143	117	0.48	277	245	0.84	125	100	1.15	38	27
2009	0.82	132	105	0.47	279	247	0.88	101	78	1.21	40	29
2010	0.76	145	119	0.43	288	256	0.83	123	97	1.09	46	35
2011	0.83	145	118	0.46	289	257	0.89	114	88	1.16	45	35
2012	0.86	131	105	0.53	266	235	0.91	114	90	1.20	45	35
2013	0.87	129	105	0.54	267	236	0.92	114	91	1.21	50	37
2014	0.92	115	92	0.56	256	225	0.97	106	84	1.28	40	31
2015	0.78	118	94	0.46	255	224	0.82	104	82	1.08	44	31
2016	0.81	117	94	0.48	259	227	0.86	103	81	1.11	46	34
2017	0.80	115	92	0.47	264	232	0.86	100	78	1.11	51	37

(三) 浙江省

總體來看，浙江省大部分地區在 19 年間的排名呈先升後降趨勢。在這 9 個地級市中，麗水市、舟山市和紹興市排名非常靠前，其中前兩者始終在 300 個一般地級市中排名前 50 位，後者也在大部分年份位於 50 名以內。其次是溫州市、嘉興市、湖州市、臺州市和金華市，這五者大部分年份位於 50～100 名。最後是衢州市，其在大部分年份位於 150～200 名，在 300 個一般地級行政區中處於較為靠中的位置。見表 5-3。

表 5-3 浙江省地級市發展核算結果

年份	溫州市 TFP	排名1	排名2	嘉興市 TFP	排名1	排名2	湖州市 TFP	排名1	排名2	紹興市 TFP	排名1	排名2	金華市 TFP	排名1	排名2
1999	0.61	147	118	0.70	97	72	0.71	91	66	0.72	84	59	0.62	145	116
2000	0.64	111	82	0.74	72	50	0.77	64	43	0.79	58	38	0.63	121	92
2001	0.62	110	83	0.70	77	53	0.73	66	44	0.74	62	41	0.59	128	100
2002	0.58	129	101	0.65	88	63	0.66	83	58	0.70	66	46	0.55	144	116
2003	0.59	121	94	0.65	84	61	0.67	72	50	0.70	63	43	0.56	139	111
2004	0.76	76	53	0.75	81	57	0.85	49	33	0.91	36	23	0.71	95	70
2005	0.83	79	56	0.85	75	54	0.94	54	36	1.03	27	18	0.80	95	72
2006	0.90	78	56	0.87	86	63	1.01	42	30	1.12	26	16	0.88	84	61
2007	0.92	65	45	0.86	92	70	0.98	55	37	1.13	20	13	0.90	77	56
2008	0.91	100	75	0.86	117	92	0.95	83	60	1.12	45	33	0.92	96	71
2009	0.80	143	115	0.73	162	134	0.84	123	97	0.97	73	55	0.82	136	109
2010	0.81	127	101	0.73	159	132	0.89	98	75	0.95	78	62	0.82	126	100
2011	0.90	112	86	0.84	132	106	1.04	71	55	1.11	55	43	0.96	99	77
2012	0.89	120	96	0.87	129	103	1.09	69	55	1.16	53	41	1.00	90	70
2013	1.02	88	69	1.06	81	64	1.33	36	27	1.40	31	22	1.19	54	41
2014	0.96	108	86	0.99	99	77	1.26	44	34	1.32	34	25	1.14	63	47
2015	0.83	101	79	0.87	90	68	1.11	35	27	1.16	31	23	1.00	58	43
2016	0.84	108	86	0.89	97	75	1.13	40	29	1.16	37	27	1.02	61	45
2017	0.85	103	81	0.90	88	66	1.15	39	30	1.17	38	29	1.02	63	45

表 5-3(續)

年份	衢州市 TFP	排名1	排名2	舟山市 TFP	排名1	排名2	臺州市 TFP	排名1	排名2	麗水市 TFP	排名1	排名2
1999	0.56	176	146	0.98	28	18	0.69	102	76	1.23	6	4
2000	0.54	175	144	0.95	29	17	0.65	108	79	1.17	9	5
2001	0.53	171	142	0.92	30	17	0.63	104	77	1.09	11	7
2002	0.49	183	153	0.85	38	24	0.60	114	87	1.18	9	5
2003	0.47	192	163	0.79	46	30	0.56	133	105	1.34	7	4
2004	0.54	191	161	0.80	60	40	0.62	151	124	1.43	5	4
2005	0.62	188	158	0.92	59	39	0.70	145	118	1.30	10	6
2006	0.64	200	170	0.94	69	48	0.68	167	138	1.33	18	12
2007	0.64	200	170	0.95	60	42	0.66	184	155	1.41	15	10
2008	0.81	137	111	1.33	19	13	0.88	115	90	1.28	27	19
2009	0.77	154	126	1.25	36	26	0.86	113	88	1.39	24	15
2010	0.79	136	110	1.31	23	16	0.91	93	71	1.41	25	16
2011	0.75	171	144	1.22	40	31	0.89	112	92	1.40	30	21
2012	0.76	168	141	1.25	38	28	0.92	112	88	1.48	19	12
2013	0.77	164	137	1.31	38	28	0.94	110	87	1.23	22	16
2014	0.69	197	169	1.22	51	38	0.89	121	97	1.28	21	16
2015	0.58	200	172	1.06	47	34	0.76	121	97	1.30	24	19
2016	0.60	209	181	1.09	50	37	0.79	120	96	1.21	9	6
2017	0.60	201	173	1.11	50	36	0.81	111	89	1.22	6	4

(四)福建省

總體來看，福建省大部分地區在 19 年間的排名呈先升後降趨勢。在這 7 個地級市中，泉州市、漳州市排名非常靠前，始終在 300 個一般地級市中排名前 50 名。其次是三明市、南平市、龍岩市和寧德市，這四者在大部分年份位於 50～100 名。最後是莆田市，其在大部分年份位於 100 名之內，在 300 個一般地級行政區中處於較為靠中的位置。見表 5-4。

表 5-4 福建省地級市發展核算結果

年份	莆田市 TFP	排名1	排名2	三明市 TFP	排名1	排名2	泉州市 TFP	排名1	排名2	漳州市 TFP	排名1	排名2
1999	0.61	151	122	0.83	58	41	0.99	25	15	0.88	41	28
2000	0.59	142	113	0.76	65	44	0.93	34	20	0.82	51	32
2001	0.59	134	106	0.74	61	40	0.90	32	19	0.82	44	28
2002	0.58	130	102	0.72	55	37	0.88	33	20	0.80	48	32
2003	0.59	122	95	0.72	57	39	0.92	25	14	0.81	45	29
2004	0.69	108	82	0.78	67	46	1.02	20	12	0.91	37	24
2005	0.80	93	70	0.88	68	47	1.19	11	7	1.03	28	19
2006	0.88	85	62	0.92	72	51	1.30	10	6	1.11	27	17
2007	0.88	82	60	0.90	78	57	1.31	8	4	1.12	22	15
2008	1.06	52	37	1.12	43	31	1.62	7	5	1.42	16	10
2009	1.03	60	46	1.06	55	42	1.58	9	6	1.39	19	13
2010	0.98	69	53	0.96	75	59	1.51	7	4	1.32	20	13
2011	1.00	91	71	1.02	81	63	1.58	9	6	1.41	19	12
2012	1.02	86	67	1.06	76	59	1.69	8	4	1.49	16	8
2013	1.04	84	66	1.11	70	53	1.80	5	3	1.55	17	9
2014	1.01	92	71	1.12	66	50	1.86	5	4	1.60	14	9
2015	0.85	94	72	0.96	67	50	1.61	4	3	1.40	13	9
2016	0.86	101	79	0.96	75	56	1.66	4	3	1.48	11	7
2017	0.84	104	82	0.88	94	72	1.59	4	3	1.39	16	12

年份	龍岩市 TFP	排名1	排名2	寧德市 TFP	排名1	排名2	南平市 TFP	排名1	排名2
1999	0.68	109	82	0.68	107	80	0.71	86	61
2000	0.64	113	84	0.64	116	87	0.65	102	74
2001	0.61	119	91	0.62	112	85	0.64	101	74
2002	0.60	115	88	0.59	116	89	0.63	94	68
2003	0.59	118	91	0.60	113	87	0.63	95	72

表 5-4（續）

年份	龍岩市 TFP	排名1	排名2	寧德市 TFP	排名1	排名2	南平市 TFP	排名1	排名2
2004	0.67	118	91	0.68	113	86	0.71	97	72
2005	0.77	105	79	0.77	106	80	0.79	98	74
2006	0.83	101	77	0.82	106	82	0.83	100	76
2007	0.83	101	77	0.84	99	75	0.81	113	89
2008	0.99	69	49	1.02	63	47	0.98	73	53
2009	0.95	79	59	0.99	67	51	0.93	82	61
2010	0.89	101	77	0.97	72	56	0.86	105	80
2011	0.92	107	82	1.05	69	53	0.92	108	83
2012	0.96	107	84	1.06	74	57	0.96	105	82
2013	0.99	98	76	1.09	72	55	0.99	100	78
2014	0.98	103	81	1.07	77	60	0.99	101	79
2015	0.83	103	81	0.90	84	62	0.84	97	75
2016	0.84	107	85	0.93	86	64	0.85	104	82
2017	0.79	122	98	0.87	97	75	0.79	123	99

（五）山東省

總體來看，山東省大部分地區在 19 年間的排名呈先升後降趨勢。在這 15 個地級市中，淄博市、威海市、菸臺市和東營市排名非常靠前，其中前兩者始終在 300 個一般地級市中排名前 50 位，後兩者也在大部分年份位於 50 名以內。其次是濟寧市、萊蕪市、濰坊市、泰安市、日照市和濱州市，這六者在大部分年份位於 100～150 名。最後是棗莊市、臨沂市、德州市、聊城市和菏澤市，其中前四者在大部分年份位於 150～200 名，後者位於 200～250 名，在 300 個一般地級行政區中處於較為靠後的位置。見表 5-5。

表 5-5　山東省地級市發展核算結果

年份	淄博市 TFP	排名1	排名2	棗莊市 TFP	排名1	排名2	東營市 TFP	排名1	排名2	菸臺市 TFP	排名1	排名2	濰坊市 TFP	排名1	排名2
1999	0.85	52	36	0.53	192	161	1.11	16	10	0.79	63	45	0.64	121	92
2000	0.88	38	23	0.54	178	147	1.06	17	11	0.82	53	33	0.67	92	65
2001	0.89	39	25	0.58	140	112	0.98	22	14	0.89	38	24	0.69	82	58

第五章　其他地級行政區全要素生產率比較 | 87

表5-5(續)

年份	淄博市 TFP	排名1	排名2	棗莊市 TFP	排名1	排名2	東營市 TFP	排名1	排名2	菸臺市 TFP	排名1	排名2	濰坊市 TFP	排名1	排名2
2002	0.90	29	16	0.57	134	106	0.94	24	13	0.86	36	22	0.68	74	51
2003	0.93	23	13	0.59	123	96	0.97	19	11	0.89	33	20	0.69	65	44
2004	0.87	45	29	0.60	165	135	0.78	68	47	0.76	78	55	0.64	134	107
2005	0.95	47	31	0.66	166	137	0.87	70	49	0.82	86	63	0.72	138	111
2006	1.01	41	29	0.69	162	133	0.91	76	54	0.84	94	70	0.75	137	110
2007	1.10	25	18	0.73	155	128	0.98	56	38	0.89	81	59	0.79	120	96
2008	1.26	22	15	0.80	138	112	1.14	39	28	1.03	59	43	0.83	129	104
2009	1.40	17	11	0.82	131	104	1.26	33	23	1.14	45	33	0.87	105	82
2010	1.21	30	22	0.72	161	134	1.03	57	43	0.97	71	55	0.76	146	120
2011	1.23	38	29	0.74	174	147	1.02	78	60	1.00	86	67	0.78	158	131
2012	1.21	41	31	0.72	189	162	1.01	89	69	1.00	92	72	0.77	162	135
2013	1.16	60	46	0.67	215	187	0.98	106	84	0.99	102	80	0.76	166	139
2014	1.15	60	44	0.66	215	186	0.98	102	80	1.04	83	66	0.77	163	136
2015	1.04	50	37	0.58	201	173	0.90	82	60	0.97	65	48	0.70	146	121
2016	1.06	54	40	0.59	210	182	0.92	89	67	0.99	67	49	0.71	153	128
2017	1.24	29	22	0.64	183	157	1.07	55	41	1.10	53	39	0.78	124	100

年份	濟寧市 TFP	排名1	排名2	泰安市 TFP	排名1	排名2	威海市 TFP	排名1	排名2	日照市 TFP	排名1	排名2	萊蕪市 TFP	排名1	排名2
1999	0.57	168	138	0.57	170	140	1.08	17	11	0.53	195	164	0.63	132	103
2000	0.60	137	108	0.60	138	109	1.16	10	7	0.55	171	141	0.65	107	78
2001	0.61	121	93	0.61	118	90	1.19	9	6	0.55	155	126	0.65	95	68
2002	0.61	107	80	0.60	110	83	1.20	7	4	0.55	148	120	0.64	92	67
2003	0.64	90	67	0.62	100	75	1.24	5	4	0.57	129	102	0.66	78	56
2004	0.63	141	114	0.63	138	111	0.99	27	17	0.61	157	128	0.62	143	116
2005	0.71	139	112	0.69	154	126	1.12	17	10	0.66	164	135	0.73	127	100
2006	0.77	126	100	0.73	150	122	1.15	18	11	0.75	139	112	0.76	130	104

88 中國地區全要素生產率比較研究

表5-5(續)

年份	濟寧市 TFP	排名1	排名2	泰安市 TFP	排名1	排名2	威海市 TFP	排名1	排名2	日照市 TFP	排名1	排名2	萊蕪市 TFP	排名1	排名2
2007	0.84	100	76	0.78	126	102	1.23	15	9	0.80	119	95	0.82	107	83
2008	0.89	112	87	0.84	124	99	1.43	15	9	0.84	122	97	0.90	106	81
2009	0.94	81	60	0.89	99	76	1.61	7	4	0.87	106	83	0.97	71	53
2010	0.83	121	95	0.77	142	116	1.36	18	11	0.74	155	129	0.83	122	96
2011	0.86	128	102	0.78	160	133	1.34	28	19	0.75	167	140	0.84	134	108
2012	0.84	138	111	0.76	167	140	1.32	34	25	0.74	177	150	0.83	143	116
2013	0.84	134	109	0.71	192	165	1.30	39	29	0.73	182	155	0.83	139	114
2014	0.85	132	106	0.71	186	158	1.33	33	24	0.74	175	148	0.84	139	113
2015	0.76	123	99	0.64	173	145	1.24	21	15	0.66	157	131	0.75	128	104
2016	0.78	121	97	0.65	180	153	1.26	25	18	0.68	173	146	0.76	129	105
2017	0.88	95	73	0.71	153	127	1.41	12	8	0.75	135	110	0.84	106	84

年份	臨沂市 TFP	排名1	排名2	德州市 TFP	排名1	排名2	聊城市 TFP	排名1	排名2	濱州市 TFP	排名1	排名2	菏澤市 TFP	排名1	排名2
1999	0.46	234	202	0.48	216	185	0.52	200	169	0.56	175	145	0.32	315	283
2000	0.48	222	191	0.50	205	174	0.53	184	153	0.59	139	110	0.33	306	274
2001	0.48	206	175	0.50	188	157	0.52	177	148	0.60	123	95	0.33	298	266
2002	0.47	195	164	0.49	181	151	0.52	166	137	0.59	122	95	0.31	301	269
2003	0.50	174	145	0.50	169	140	0.52	160	132	0.61	107	81	0.31	292	260
2004	0.54	201	171	0.50	232	201	0.53	203	173	0.60	160	131	0.35	307	275
2005	0.59	208	178	0.57	226	195	0.61	195	165	0.64	172	142	0.39	309	277
2006	0.64	194	164	0.59	230	199	0.65	189	159	0.67	174	145	0.39	313	281
2007	0.68	172	144	0.62	211	181	0.66	181	152	0.71	160	132	0.40	309	277
2008	0.74	164	137	0.66	202	173	0.71	173	145	0.78	151	125	0.43	299	267
2009	0.77	153	125	0.69	186	158	0.73	164	136	0.82	133	106	0.45	287	255
2010	0.69	177	149	0.62	216	185	0.65	202	171	0.71	167	140	0.43	290	258
2011	0.72	186	159	0.65	222	192	0.66	217	187	0.73	178	151	0.46	288	256

表5-5(續)

年份	臨沂市			德州市			聊城市			濱州市			菏澤市		
	TFP	排名1	排名2	TFP	排名1	排名2	TFP	排名1	排名2	TFP	排名1	排名2	TFP	排名1	排名2
2012	0.71	195	167	0.65	228	199	0.66	224	195	0.71	194	166	0.48	289	257
2013	0.70	195	168	0.68	213	185	0.63	232	202	0.68	207	179	0.48	287	255
2014	0.70	190	162	0.68	200	172	0.62	230	200	0.67	207	179	0.49	282	250
2015	0.62	182	154	0.61	184	156	0.55	218	189	0.60	193	165	0.44	269	238
2016	0.63	188	160	0.62	193	165	0.56	225	196	0.61	200	172	0.46	267	235
2017	0.71	155	129	0.68	170	144	0.60	198	171	0.67	171	145	0.50	251	219

(六) 廣東省

總體來看，廣東省大部分地區在19年間的排名呈逐漸上升趨勢。在這19個地級市中，珠海市、佛山市、江門市、中山市、惠州市和肇慶市排名非常靠前，其中前四者始終在300個一般地級市中排名前50位，後兩者也在大部分年份位於50名以內。其次是汕頭市、韶關市、湛江市、茂名市、汕尾市、陽江市、東莞市、潮州市、揭陽市和雲浮市，這十者在大部分年份位於50~150名。最後是梅州市、河源市、清遠市，這三者在大部分年份位於150~250名，在300個一般地級行政區中處於較為靠後的位置。見表5-6。

表5-6 廣東省地級市發展核算結果

年份	珠海市			汕頭市			韶關市			佛山市			江門市		
	TFP	排名1	排名2	TFP	排名1	排名2	TFP	排名1	排名2	TFP	排名1	排名2	TFP	排名1	排名2
1999	1.25	6	4	0.84	53	37	0.68	105	78	1.18	12	7	0.96	33	20
2000	1.04	19	13	0.70	82	57	0.61	132	103	1.17	9	6	0.80	54	34
2001	0.92	29	16	0.59	132	104	0.58	138	110	1.09	14	10	0.82	45	29
2002	0.89	31	18	0.56	138	110	0.56	139	111	1.04	14	10	0.80	47	31
2003	0.87	35	21	0.52	161	133	0.54	146	118	0.85	38	24	0.76	53	36
2004	1.03	17	10	0.62	147	120	0.64	135	108	1.02	18	11	0.92	34	21
2005	1.14	14	8	0.70	149	121	0.73	121	94	1.11	19	12	1.03	26	17
2006	1.22	13	8	0.75	138	111	0.79	114	89	1.22	12	7	1.13	22	15

表5-6(續)

年份	珠海市 TFP	排名1	排名2	汕頭市 TFP	排名1	排名2	韶關市 TFP	排名1	排名2	佛山市 TFP	排名1	排名2	江門市 TFP	排名1	排名2
2007	1.28	11	7	0.79	122	98	0.82	105	81	1.30	9	5	1.17	18	11
2008	1.54	12	7	0.90	105	80	0.94	89	64	1.61	10	6	1.40	17	11
2009	1.41	14	9	0.85	119	94	0.86	115	90	1.49	12	7	1.31	27	18
2010	1.37	17	10	0.90	94	72	0.86	107	82	1.52	6	3	1.31	24	17
2011	1.60	7	4	1.06	65	51	0.99	94	73	1.61	6	3	1.51	13	7
2012	1.68	9	5	1.13	59	46	1.05	77	60	1.74	6	3	1.63	11	6
2013	1.69	10	6	1.15	62	48	1.08	75	58	1.77	6	4	1.67	11	7
2014	1.68	9	6	1.16	59	43	1.08	74	57	1.78	7	5	1.68	10	7
2015	1.45	10	6	0.97	63	46	0.90	81	59	1.52	7	4	1.44	11	7
2016	1.50	9	5	1.01	63	46	0.94	82	60	1.59	6	4	1.49	10	6
2017	1.54	6	4	1.02	65	47	0.97	75	55	1.63	3	2	1.52	7	5

年份	湛江市 TFP	排名1	排名2	茂名市 TFP	排名1	排名2	肇慶市 TFP	排名1	排名2	惠州市 TFP	排名1	排名2	梅州市 TFP	排名1	排名2
1999	0.63	128	99	0.76	72	52	0.84	55	39	0.88	40	27	0.48	224	192
2000	0.54	179	148	0.57	157	128	0.73	73	51	0.78	59	39	0.41	267	235
2001	0.54	164	135	0.54	166	137	0.68	86	60	0.72	70	48	0.41	249	217
2002	0.52	168	139	0.53	164	135	0.67	81	57	0.68	72	50	0.39	255	223
2003	0.51	163	135	0.50	168	139	0.64	89	66	0.67	73	51	0.38	262	230
2004	0.62	148	121	0.65	127	100	0.79	64	44	0.80	62	42	0.47	253	221
2005	0.70	143	116	0.73	125	98	0.89	66	45	0.89	65	44	0.51	260	229
2006	0.75	136	109	0.81	109	84	0.97	56	39	0.98	54	37	0.53	260	229
2007	0.79	124	100	0.85	95	72	1.02	36	24	1.01	41	28	0.55	254	223
2008	0.88	114	89	0.95	86	62	1.18	33	23	1.17	36	25	0.60	238	206
2009	0.83	128	101	0.90	94	71	1.14	44	32	1.09	51	39	0.56	247	215
2010	0.85	110	85	1.03	55	41	1.20	33	24	1.11	42	32	0.60	224	193
2011	0.97	97	75	1.26	35	26	1.48	15	9	1.27	31	22	0.70	196	168

表5-6(續)

年份	湛江市 TFP	排名1	排名2	茂名市 TFP	排名1	排名2	肇慶市 TFP	排名1	排名2	惠州市 TFP	排名1	排名2	梅州市 TFP	排名1	排名2
2012	1.03	82	64	1.36	32	23	1.59	13	7	1.38	29	20	0.75	172	145
2013	1.06	80	63	1.42	28	19	1.63	13	8	1.42	27	18	0.78	157	130
2014	1.06	79	62	1.43	28	19	1.64	12	8	1.43	29	20	0.78	158	132
2015	0.89	88	66	1.19	28	22	1.39	15	10	1.21	24	18	0.65	162	135
2016	0.92	90	68	1.23	29	22	1.41	15	10	1.26	26	19	0.68	174	147
2017	0.92	85	63	1.23	31	23	1.40	14	10	1.27	27	21	0.67	174	148

年份	汕尾市 TFP	排名1	排名2	河源市 TFP	排名1	排名2	陽江市 TFP	排名1	排名2	清遠市 TFP	排名1	排名2	東莞市 TFP	排名1	排名2
1999	0.57	169	139	0.40	283	251	0.62	142	113	0.49	212	181	0.64	124	95
2000	0.50	203	172	0.38	281	249	0.57	155	126	0.43	249	217	0.61	128	99
2001	0.47	212	181	0.38	274	242	0.52	175	146	0.39	268	236	0.49	199	168
2002	0.45	213	182	0.39	258	226	0.50	177	148	0.37	271	239	0.51	170	141
2003	0.50	170	141	0.43	220	189	0.51	166	137	0.36	271	239	0.52	158	130
2004	0.62	153	125	0.54	202	172	0.62	146	119	0.46	260	228	0.64	131	104
2005	0.71	140	113	0.66	167	138	0.72	136	109	0.55	242	211	0.70	147	119
2006	0.74	142	115	0.74	141	114	0.78	123	97	0.63	201	171	0.76	135	108
2007	0.77	132	108	0.77	134	109	0.80	118	94	0.74	149	122	0.80	115	91
2008	0.94	90	65	0.84	127	102	0.97	78	56	0.91	101	76	0.90	109	84
2009	0.91	93	70	0.78	152	124	0.91	90	68	0.88	102	79	0.87	104	81
2010	0.92	87	68	0.76	148	122	0.93	86	67	0.96	74	58	0.79	139	113
2011	1.10	56	44	0.89	115	89	1.04	72	56	1.02	82	64	0.87	123	97
2012	1.21	42	32	0.96	103	80	1.16	50	40	1.04	79	62	0.90	118	94
2013	1.25	45	33	1.00	94	74	1.22	46	34	1.05	82	65	0.92	112	89
2014	1.26	43	33	1.00	97	75	1.23	48	36	1.04	85	67	0.91	118	94
2015	1.06	46	33	0.81	108	86	1.04	51	38	0.87	91	69	0.78	116	92
2016	1.10	48	35	0.83	113	90	1.09	49	36	0.94	84	62	0.84	110	87
2017	1.13	44	33	0.80	114	91	1.11	47	35	0.94	80	58	0.86	101	79

表5-6(續)

年份	中山市 TFP	排名1	排名2	潮州市 TFP	排名1	排名2	揭陽市 TFP	排名1	排名2	雲浮市 TFP	排名1	排名2
1999	0.96	30	19	0.71	93	68	0.69	100	74	0.66	112	84
2000	0.87	39	24	0.58	150	121	0.59	140	111	0.58	145	116
2001	0.79	50	32	0.58	143	115	0.57	145	117	0.61	117	89
2002	0.77	49	33	0.57	135	107	0.55	145	117	0.58	125	98
2003	0.72	58	40	0.54	143	115	0.53	148	120	0.56	134	106
2004	0.79	66	45	0.65	126	99	0.65	125	98	0.68	111	84
2005	0.95	51	34	0.73	126	99	0.74	116	89	0.76	107	81
2006	1.02	38	26	0.78	121	95	0.82	104	80	0.83	102	78
2007	1.05	33	21	0.81	111	87	0.90	79	58	0.87	89	67
2008	1.22	26	18	0.93	91	66	1.07	49	36	0.91	97	72
2009	1.12	47	35	0.89	98	75	1.05	56	43	0.85	122	96
2010	1.12	41	31	0.91	92	70	1.10	44	34	0.85	108	83
2011	1.33	29	20	1.09	57	45	1.26	34	25	1.01	84	66
2012	1.44	23	14	1.21	43	33	1.37	31	22	1.09	67	53
2013	1.47	21	13	1.28	41	31	1.44	24	15	1.12	68	51
2014	1.47	22	15	1.31	37	28	1.46	23	16	1.11	68	52
2015	1.27	19	14	1.13	32	24	1.21	25	19	0.93	74	54
2016	1.33	19	14	1.19	32	24	1.24	28	21	0.99	69	51
2017	1.36	19	15	1.20	35	26	1.22	33	25	0.99	68	49

(七)海南省

總體來看，海南省三亞市在19年間的排名呈逐漸下降趨勢，位於100～200名，在300個一般地級行政區中處於較為靠中的位置。見表5-7。

表5-7 三亞市發展核算結果

年份	TFP	排名1	排名2	年份	TFP	排名1	排名2	年份	TFP	排名1	排名2	年份	TFP	排名1	排名2
1999	0.59	158	129	2004	0.67	117	90	2009	0.71	172	144	2014	0.62	231	201
2000	0.58	151	122	2005	0.69	155	127	2010	0.68	183	155	2015	0.46	258	227
2001	0.57	146	118	2006	0.69	165	136	2011	0.72	180	153	2016	0.48	260	228
2002	0.52	169	140	2007	0.60	229	198	2012	0.70	198	170	2017	0.45	273	241
2003	0.51	165	136	2008	0.83	130	105	2013	0.64	229	199				

二、中部

(一) 山西省

總體來看，山西省大部分地區在 19 年間的排名呈逐漸下降趨勢。在這 10 個地級市中，大同市、朔州市、陽泉市、長治市和晉城市排名比較靠中後，這五者在 300 個一般地級市中的排名在大部分年份位於 150～200 名。其次是晉中市、臨汾市和運城市，這三者在大部分年份位於 200～250 名。最後是忻州市和呂梁市，這兩者在大部分年份位於 250～300 名，在 300 個一般地級行政區中處於較為靠後的位置。見表 5-8。

表 5-8 山西省地級市發展核算結果

年份	大同市 TFP	排名1	排名2	朔州市 TFP	排名1	排名2	陽泉市 TFP	排名1	排名2	長治市 TFP	排名1	排名2	忻州市 TFP	排名1	排名2
1999	0.54	184	153	0.55	179	149	0.62	139	110	0.53	193	162	0.39	286	254
2000	0.55	167	138	0.53	185	154	0.55	168	139	0.49	209	178	0.41	264	232
2001	0.53	170	141	0.48	203	172	0.56	150	121	0.47	211	180	0.35	285	253
2002	0.54	149	121	0.48	193	162	0.54	153	125	0.46	207	176	0.33	289	257
2003	0.52	155	127	0.45	202	172	0.53	149	121	0.43	213	182	0.31	295	263
2004	0.61	159	130	0.54	192	162	0.63	136	109	0.52	210	179	0.37	300	268
2005	0.67	163	134	0.62	185	155	0.72	132	105	0.61	196	166	0.40	300	268
2006	0.72	154	126	0.64	199	169	0.71	158	129	0.63	204	174	0.44	294	262
2007	0.65	189	160	0.60	224	193	0.66	182	153	0.60	226	195	0.43	298	266
2008	0.63	221	192	0.56	256	224	0.63	217	188	0.58	246	214	0.41	309	277
2009	0.69	187	159	0.64	213	183	0.73	163	135	0.68	197	168	0.39	305	273
2010	0.58	239	208	0.53	253	222	0.62	218	187	0.58	234	203	0.34	314	282
2011	0.63	229	199	0.58	249	218	0.68	208	178	0.65	224	194	0.37	315	283
2012	0.66	225	196	0.60	243	213	0.70	200	172	0.67	220	192	0.37	316	284
2013	0.68	208	180	0.61	239	208	0.72	188	161	0.68	209	181	0.36	319	287
2014	0.70	193	165	0.60	245	214	0.70	191	163	0.67	211	183	0.35	321	289
2015	0.59	196	168	0.45	262	231	0.55	223	193	0.50	241	210	0.27	325	293
2016	0.58	215	186	0.46	268	236	0.56	226	197	0.51	246	215	0.26	325	293
2017	0.62	193	166	0.50	252	220	0.59	210	182	0.54	231	201	0.28	323	291

表 5-8(續)

年份	呂梁市 TFP	排名1	排名2	晉中市 TFP	排名1	排名2	臨汾市 TFP	排名1	排名2	運城市 TFP	排名1	排名2	晉城市 TFP	排名1	排名2
1999	0.38	288	256	0.46	233	201	0.46	237	205	0.41	276	244	0.55	178	148
2000	0.35	295	263	0.47	226	195	0.45	238	206	0.42	260	228	0.51	198	167
2001	0.32	301	269	0.44	232	201	0.44	229	198	0.38	273	241	0.49	200	169
2002	0.31	302	270	0.44	222	191	0.44	217	186	0.37	268	236	0.47	194	163
2003	0.30	297	265	0.42	228	197	0.43	215	184	0.37	267	235	0.46	200	170
2004	0.36	303	271	0.51	228	197	0.54	194	164	0.46	259	227	0.55	186	156
2005	0.41	299	267	0.56	227	196	0.62	190	160	0.52	251	220	0.55	183	153
2006	0.43	298	266	0.58	241	210	0.65	188	158	0.51	269	237	0.65	183	153
2007	0.40	311	279	0.53	261	230	0.60	228	197	0.53	262	231	0.62	210	180
2008	0.37	314	282	0.48	278	246	0.55	258	226	0.48	279	247	0.59	239	207
2009	0.39	304	272	0.54	254	222	0.59	239	207	0.51	266	234	0.68	194	166
2010	0.36	311	279	0.47	280	248	0.52	260	228	0.46	282	250	0.58	233	202
2011	0.40	307	275	0.53	272	240	0.59	246	215	0.52	276	244	0.65	223	193
2012	0.41	305	273	0.55	261	230	0.60	241	211	0.53	269	238	0.68	211	183
2013	0.43	302	270	0.57	254	223	0.62	234	203	0.55	262	231	0.70	198	170
2014	0.37	314	282	0.50	280	248	0.60	243	212	0.55	260	229	0.68	204	176
2015	0.27	324	292	0.41	278	246	0.46	256	225	0.44	267	236	0.54	229	198
2016	0.28	324	292	0.41	282	250	0.47	265	233	0.44	276	244	0.54	232	202
2017	0.30	316	284	0.43	277	245	0.48	256	224	0.45	272	240	0.60	204	176

(二) 安徽省

總體來看，安徽省大部分地區在19年間的排名呈逐漸下降趨勢。在這15個地級市中，蕪湖市和馬鞍山市排名非常靠前，其中前兩者在300個一般地級市中大部分年份位於50名以內。其次是蚌埠市、淮北市、安慶市、滁州市和宣城市，這五者在大部分年份位於150～200名。最後是淮南市、銅陵市、黃山市、阜陽市、宿州市、六安市、亳州市和池州市，其中前五者在大部分年份位於200～250名，後三者位於250～300名，在300個一般地級行政區中處於較為靠後的位置。見表5-9。

表 5-9 安徽省地級市發展核算結果

年份	蕪湖市 TFP	排名1	排名2	蚌埠市 TFP	排名1	排名2	淮南市 TFP	排名1	排名2	馬鞍山市 TFP	排名1	排名2	淮北市 TFP	排名1	排名2
1999	0.85	50	35	0.55	181	151	0.44	249	217	0.84	57	40	0.55	177	147
2000	0.79	56	36	0.51	200	169	0.40	274	242	0.79	57	37	0.51	199	168
2001	0.72	69	47	0.47	214	183	0.37	277	245	0.72	68	46	0.47	210	179
2002	0.69	68	48	0.46	208	177	0.36	275	243	0.69	67	47	0.43	231	200
2003	0.63	92	69	0.42	231	200	0.33	279	247	0.63	91	68	0.41	238	207
2004	0.81	58	39	0.56	182	152	0.42	278	246	0.82	55	38	0.54	190	160
2005	0.92	58	38	0.63	178	148	0.50	266	234	0.96	46	30	0.62	187	157
2006	0.97	55	38	0.68	166	137	0.52	263	231	0.99	49	34	0.64	196	166
2007	0.96	58	40	0.69	165	137	0.51	269	237	0.98	50	32	0.63	201	171
2008	0.98	74	54	0.71	174	146	0.56	255	223	1.02	62	46	0.66	207	178
2009	0.99	70	52	0.70	177	149	0.56	248	216	1.01	64	49	0.64	212	182
2010	0.97	73	57	0.67	189	161	0.55	247	216	0.98	68	52	0.63	207	176
2011	1.02	77	59	0.69	202	172	0.57	254	223	1.00	88	68	0.65	221	191
2012	1.06	75	58	0.70	197	169	0.58	251	220	0.99	96	75	0.67	221	193
2013	0.99	101	79	0.71	193	166	0.54	266	235	0.90	118	95	0.61	236	205
2014	0.99	100	78	0.67	209	181	0.50	275	243	0.88	125	101	0.60	240	209
2015	0.82	106	84	0.55	222	192	0.40	283	251	0.73	136	112	0.48	250	219
2016	0.81	114	91	0.56	230	200	0.40	284	252	0.74	142	117	0.47	263	231
2017	0.83	108	86	0.56	220	191	0.41	283	251	0.76	133	108	0.47	263	231

年份	銅陵市 TFP	排名1	排名2	安慶市 TFP	排名1	排名2	黃山市 TFP	排名1	排名2	滁州市 TFP	排名1	排名2	阜陽市 TFP	排名1	排名2
1999	0.43	255	223	0.55	180	150	0.49	213	182	0.58	163	134	0.52	198	167
2000	0.42	256	224	0.51	202	171	0.47	225	194	0.56	163	134	0.43	251	219
2001	0.40	259	227	0.46	222	191	0.45	226	195	0.50	193	162	0.37	276	244
2002	0.36	276	244	0.44	218	187	0.39	253	221	0.45	212	181	0.35	281	249

表5-9(續)

年份	銅陵市			安慶市			黃山市			滁州市			阜陽市		
	TFP	排名1	排名2	TFP	排名1	排名2	TFP	排名1	排名2	TFP	排名1	排名2	TFP	排名1	排名2
2003	0.37	270	238	0.38	264	232	0.39	253	222	0.41	239	208	0.31	293	261
2004	0.48	242	211	0.49	238	207	0.49	235	204	0.52	213	182	0.40	286	254
2005	0.58	217	186	0.56	231	200	0.55	239	208	0.60	206	176	0.46	278	246
2006	0.63	207	177	0.60	226	195	0.57	244	213	0.64	197	167	0.50	273	241
2007	0.64	195	166	0.60	227	196	0.55	249	218	0.65	192	163	0.50	275	243
2008	0.64	214	185	0.60	233	202	0.56	254	222	0.65	211	182	0.51	270	238
2009	0.62	222	191	0.60	232	201	0.55	250	218	0.64	214	184	0.52	265	233
2010	0.63	210	179	0.59	229	198	0.53	257	225	0.63	211	180	0.54	252	221
2011	0.65	225	195	0.62	232	202	0.55	261	229	0.66	216	186	0.58	251	220
2012	0.64	231	201	0.64	232	202	0.57	252	221	0.68	212	184	0.60	244	214
2013	0.60	243	212	0.61	240	209	0.54	268	237	0.65	225	195	0.59	247	216
2014	0.58	251	220	0.61	239	208	0.53	266	234	0.64	223	193	0.60	244	213
2015	0.47	251	220	0.50	244	213	0.44	268	237	0.53	232	201	0.49	245	214
2016	0.48	257	225	0.52	244	213	0.46	270	238	0.54	234	203	0.49	249	218
2017	0.48	255	223	0.54	230	200	0.47	262	230	0.56	221	192	0.50	250	218

年份	宿州市			六安市			亳州市			池州市			宣城市		
	TFP	排名1	排名2	TFP	排名1	排名2	TFP	排名1	排名2	TFP	排名1	排名2	TFP	排名1	排名2
1999	0.43	259	227	0.36	293	261	0.44	251	219	0.42	263	231	0.58	166	136
2000	0.41	262	230	0.33	305	273	0.34	301	269	0.39	278	246	0.52	188	157
2001	0.39	263	231	0.30	309	277	0.30	311	279	0.35	286	254	0.47	209	178
2002	0.37	269	237	0.29	311	279	0.30	308	276	0.32	293	261	0.44	216	185
2003	0.33	280	248	0.26	316	284	0.27	315	283	0.30	299	267	0.41	236	205
2004	0.43	274	242	0.34	311	279	0.34	315	283	0.38	297	265	0.50	231	200
2005	0.49	272	240	0.40	303	271	0.38	312	280	0.43	292	260	0.58	220	189
2006	0.52	265	233	0.43	302	270	0.41	306	274	0.46	289	257	0.61	223	192
2007	0.53	260	229	0.44	296	264	0.42	305	273	0.45	290	258	0.61	222	191

第五章　其他地級行政區全要素生產率比較　97

表5-9(續)

年份	宿州市 TFP	排名1	排名2	六安市 TFP	排名1	排名2	亳州市 TFP	排名1	排名2	池州市 TFP	排名1	排名2	宣城市 TFP	排名1	排名2
2008	0.54	261	229	0.45	294	262	0.42	304	272	0.45	290	258	0.61	228	197
2009	0.53	261	229	0.44	291	259	0.41	298	266	0.44	290	258	0.60	231	200
2010	0.53	255	223	0.45	285	253	0.42	293	261	0.44	287	255	0.59	225	194
2011	0.56	258	227	0.47	285	253	0.46	287	255	0.46	291	259	0.63	231	201
2012	0.58	250	219	0.47	291	259	0.47	294	262	0.47	292	260	0.64	230	200
2013	0.56	259	228	0.45	297	265	0.45	295	263	0.44	298	266	0.61	237	206
2014	0.55	261	230	0.42	300	268	0.43	295	263	0.44	291	259	0.61	235	204
2015	0.45	264	233	0.37	292	260	0.36	302	270	0.36	298	266	0.51	239	208
2016	0.46	269	237	0.38	300	268	0.37	304	272	0.37	303	271	0.52	243	212
2017	0.47	266	234	0.38	297	265	0.38	299	267	0.37	302	270	0.54	233	203

(三) 江西省

總體來看，江西省大部分地區在19年間的排名呈逐漸下降趨勢。在這10個地級市中，景德鎮市、萍鄉市和新餘市排名比較靠中，這三者在300個一般地級市中排名有一部分年份在前100位。其次是九江市和鷹潭市，這兩者在大部分年份位於150～250名。最後是贛州市、吉安市、宜春市、撫州市和上饒市，這五者在大部分年份位於200～250名，在300個一般地級行政區中處於較為靠後的位置。見表5-10。

表5-10 江西省地級市發展核算結果

年份	景德鎮市 TFP	排名1	排名2	萍鄉市 TFP	排名1	排名2	九江市 TFP	排名1	排名2	新餘市 TFP	排名1	排名2	鷹潭市 TFP	排名1	排名2
1999	0.67	111	83	0.64	120	91	0.52	201	170	0.68	106	79	0.53	189	158
2000	0.68	87	60	0.64	115	86	0.52	189	158	0.68	88	61	0.56	161	132
2001	0.66	90	63	0.62	109	82	0.50	190	159	0.62	108	81	0.54	160	131
2002	0.66	86	61	0.59	117	90	0.49	185	155	0.64	90	65	0.52	165	136
2003	0.66	76	54	0.62	102	77	0.49	182	153	0.64	87	64	0.49	179	150
2004	0.68	116	89	0.65	122	95	0.54	197	167	0.67	121	94	0.53	205	175

表5-10(續)

年份	景德鎮市 TFP	排名1	排名2	萍鄉市 TFP	排名1	排名2	九江市 TFP	排名1	排名2	新餘市 TFP	排名1	排名2	鷹潭市 TFP	排名1	排名2
2005	0.75	114	87	0.72	135	108	0.60	203	173	0.75	112	85	0.59	212	181
2006	0.80	113	88	0.75	140	113	0.63	202	172	0.77	127	101	0.62	217	187
2007	0.82	109	85	0.73	153	126	0.63	205	175	0.77	136	111	0.60	225	194
2008	0.79	142	116	0.70	180	152	0.60	232	201	0.71	171	143	0.59	242	210
2009	0.69	189	161	0.59	235	204	0.54	255	223	0.58	240	208	0.50	269	237
2010	0.74	154	128	0.63	209	178	0.58	236	205	0.62	220	189	0.53	258	226
2011	0.75	168	141	0.64	226	196	0.60	243	212	0.67	215	185	0.53	266	234
2012	0.71	190	163	0.60	242	212	0.57	254	223	0.61	240	210	0.51	281	249
2013	0.70	196	169	0.58	250	219	0.56	260	229	0.57	253	222	0.49	286	254
2014	0.64	222	192	0.52	268	236	0.51	273	241	0.51	271	239	0.44	292	260
2015	0.56	217	188	0.45	260	229	0.44	271	240	0.45	261	230	0.37	291	259
2016	0.57	219	190	0.47	264	232	0.45	274	242	0.46	266	234	0.38	298	266
2017	0.58	214	186	0.48	258	226	0.46	269	237	0.48	261	229	0.38	294	262

年份	贛州市 TFP	排名1	排名2	吉安市 TFP	排名1	排名2	宜春市 TFP	排名1	排名2	撫州市 TFP	排名1	排名2	上饒市 TFP	排名1	排名2
1999	0.42	262	230	0.44	247	215	0.47	228	196	0.47	232	200	0.41	272	240
2000	0.42	254	222	0.43	247	215	0.46	230	198	0.46	231	199	0.41	268	236
2001	0.40	254	222	0.42	246	214	0.44	236	205	0.45	227	196	0.41	252	220
2002	0.39	254	222	0.41	244	213	0.43	230	199	0.43	223	192	0.40	246	215
2003	0.39	251	220	0.41	235	204	0.46	196	166	0.43	218	187	0.39	248	217
2004	0.44	271	239	0.46	255	223	0.48	243	212	0.48	248	217	0.44	269	237
2005	0.50	264	232	0.53	250	219	0.55	241	210	0.53	249	218	0.48	276	244
2006	0.54	254	223	0.56	247	216	0.58	238	207	0.55	249	218	0.50	277	245
2007	0.55	253	222	0.57	248	217	0.57	245	214	0.55	250	219	0.48	278	246
2008	0.54	263	231	0.54	260	228	0.55	257	225	0.53	267	235	0.47	285	253
2009	0.49	274	242	0.47	278	246	0.49	271	239	0.46	285	253	0.41	299	267

表5-10（續）

年份	贛州市 TFP	排名1	排名2	吉安市 TFP	排名1	排名2	宜春市 TFP	排名1	排名2	撫州市 TFP	排名1	排名2	上饒市 TFP	排名1	排名2
2010	0.51	268	236	0.49	272	240	0.53	259	227	0.49	274	242	0.43	292	260
2011	0.53	271	239	0.51	279	247	0.54	265	233	0.51	278	246	0.44	296	264
2012	0.51	280	248	0.48	288	256	0.51	282	250	0.48	287	255	0.42	303	271
2013	0.49	283	251	0.47	292	260	0.49	284	252	0.47	289	257	0.42	304	272
2014	0.45	286	254	0.43	296	264	0.45	290	258	0.44	293	261	0.39	308	276
2015	0.38	288	256	0.37	296	264	0.38	287	255	0.38	290	258	0.33	308	276
2016	0.39	292	260	0.37	305	273	0.39	290	258	0.39	294	262	0.35	310	278
2017	0.39	290	258	0.38	301	269	0.40	287	255	0.39	292	260	0.35	309	277

（四）河南省

總體來看，河南省大部分地區在19年間的排名呈先升後降趨勢。在這16個地級市中，焦作市排名比較靠中，在300個一般地級市中的排名在大多數年份在前100位。其次是洛陽市、鶴壁市、許昌市、漯河市和三門峽市，這五者在大部分年份位於100~150名。然後是平頂山市、安陽市、新鄉市、濮陽市和南陽市，這五者在大部分年份位於150~200名。最後是商丘市、信陽市、周口市和駐馬店市，其中前者在大部分年份位於200~250名，後四者位於250~300名，在300個一般地級行政區中處於較為靠後的位置。見表5-11。

表5-11 河南省地級市發展核算結果

年份	開封市 TFP	排名1	排名2	洛陽市 TFP	排名1	排名2	平頂山市 TFP	排名1	排名2	安陽市 TFP	排名1	排名2
1999	0.45	238	206	0.53	190	159	0.48	217	186	0.44	246	214
2000	0.45	237	205	0.51	193	162	0.47	224	193	0.43	248	216
2001	0.44	233	202	0.50	189	158	0.46	220	189	0.42	248	216
2002	0.41	243	212	0.48	188	158	0.43	228	197	0.40	249	218
2003	0.39	256	225	0.48	185	156	0.43	224	193	0.40	244	213

表5-11(續)

年份	開封市 TFP	排名1	排名2	洛陽市 TFP	排名1	排名2	平頂山市 TFP	排名1	排名2	安陽市 TFP	排名1	排名2
2004	0.49	237	206	0.62	145	118	0.56	180	150	0.52	216	185
2005	0.55	243	212	0.69	157	129	0.64	171	141	0.59	211	180
2006	0.57	243	212	0.71	156	128	0.67	176	147	0.62	214	184
2007	0.58	235	204	0.72	158	131	0.69	169	141	0.64	196	167
2008	0.60	234	203	0.77	159	132	0.73	169	141	0.66	204	175
2009	0.60	229	198	0.80	146	118	0.73	166	138	0.66	203	174
2010	0.59	226	195	0.77	143	117	0.72	164	137	0.65	198	167
2011	0.63	228	198	0.81	148	121	0.75	169	142	0.69	206	176
2012	0.67	222	194	0.85	136	110	0.77	164	137	0.72	188	161
2013	0.63	230	200	0.80	145	120	0.72	186	159	0.68	212	184
2014	0.60	242	211	0.74	170	143	0.75	169	142	0.64	226	196
2015	0.50	243	212	0.62	178	150	0.62	181	153	0.53	234	203
2016	0.58	217	188	0.66	177	150	0.65	178	151	0.55	231	201
2017	0.55	223	194	0.63	187	161	0.55	226	196	0.53	237	207

年份	新鄉市 TFP	排名1	排名2	焦作市 TFP	排名1	排名2	濮陽市 TFP	排名1	排名2	許昌市 TFP	排名1	排名2
1999	0.49	214	183	0.59	160	131	0.48	219	188	0.54	185	154
2000	0.48	221	190	0.56	160	131	0.48	216	185	0.53	182	151
2001	0.49	197	166	0.56	151	122	0.46	221	190	0.52	180	150
2002	0.46	205	174	0.53	158	129	0.42	232	201	0.49	184	154
2003	0.45	207	176	0.53	150	122	0.40	241	210	0.48	187	158
2004	0.58	173	143	0.72	92	67	0.52	214	183	0.61	155	126
2005	0.64	173	143	0.82	85	62	0.60	200	170	0.69	153	125
2006	0.65	192	162	0.81	110	85	0.61	221	191	0.72	153	125
2007	0.65	188	159	0.81	112	88	0.63	204	174	0.73	151	124
2008	0.68	191	163	0.85	121	96	0.66	201	172	0.77	153	127

表5-11(續)

年份	新鄉市 TFP	排名1	排名2	焦作市 TFP	排名1	排名2	濮陽市 TFP	排名1	排名2	許昌市 TFP	排名1	排名2
2009	0.69	185	157	0.87	109	85	0.68	198	169	0.81	139	112
2010	0.68	188	160	0.84	116	90	0.68	185	157	0.83	119	93
2011	0.73	175	148	0.87	122	96	0.72	182	155	0.91	109	84
2012	0.80	152	125	0.92	113	89	0.77	161	134	0.88	124	99
2013	0.75	171	144	0.90	123	99	0.74	178	151	0.89	125	101
2014	0.70	192	164	0.84	135	109	0.69	199	171	0.83	140	114
2015	0.58	205	177	0.69	147	122	0.59	199	171	0.75	130	106
2016	0.61	198	170	0.73	145	120	0.63	192	164	0.76	127	103
2017	0.59	207	179	0.69	167	141	0.60	205	177	0.73	144	119

年份	三門峽市 TFP	排名1	排名2	南陽市 TFP	排名1	排名2	商丘市 TFP	排名1	排名2	信陽市 TFP	排名1	排名2
1999	0.59	157	128	0.47	229	197	0.38	290	258	0.36	294	262
2000	0.59	144	115	0.45	236	204	0.37	288	256	0.37	285	253
2001	0.55	152	123	0.44	228	197	0.36	280	248	0.33	296	264
2002	0.51	171	142	0.42	233	202	0.35	282	250	0.33	286	254
2003	0.49	181	152	0.41	234	203	0.30	300	268	0.31	288	256
2004	0.62	150	123	0.54	198	168	0.42	280	248	0.40	283	251
2005	0.70	148	120	0.60	201	171	0.48	273	241	0.45	282	250
2006	0.72	151	123	0.62	216	186	0.50	276	244	0.45	293	261
2007	0.76	141	115	0.62	208	178	0.50	276	244	0.44	295	263
2008	0.83	131	106	0.64	212	183	0.50	272	240	0.45	293	261
2009	0.86	112	87	0.64	211	181	0.49	273	241	0.44	289	257
2010	0.84	113	87	0.63	212	181	0.49	276	244	0.45	284	252
2011	0.88	119	93	0.66	218	188	0.52	277	245	0.46	292	260
2012	0.95	108	85	0.70	201	173	0.54	263	232	0.48	285	253
2013	0.89	126	102	0.69	204	176	0.53	269	238	0.46	293	261

表5-11(續)

年份	三門峽市			南陽市			商丘市			信陽市		
	TFP	排名1	排名2	TFP	排名1	排名2	TFP	排名1	排名2	TFP	排名1	排名2
2014	0.82	141	115	0.64	229	199	0.50	276	244	0.44	294	262
2015	0.66	158	132	0.54	228	197	0.41	277	245	0.37	293	261
2016	0.69	166	140	0.57	223	194	0.44	277	245	0.40	288	256
2017	0.67	172	146	0.54	229	199	0.42	279	247	0.38	300	268

年份	駐馬店市			鶴壁市			漯河市			周口市		
	TFP	排名1	排名2	TFP	排名1	排名2	TFP	排名1	排名2	TFP	排名1	排名2
1999	0.36	299	267	0.52	197	166	0.53	187	156	0.36	298	266
2000	0.35	294	262	0.52	190	159	0.52	187	156	0.35	293	261
2001	0.34	292	260	0.51	184	153	0.51	185	154	0.35	287	255
2002	0.33	287	255	0.49	186	156	0.48	190	159	0.33	284	252
2003	0.30	302	270	0.48	186	157	0.46	195	165	0.29	308	276
2004	0.40	288	256	0.64	133	106	0.60	162	133	0.37	299	267
2005	0.44	287	255	0.74	117	90	0.70	142	115	0.42	295	263
2006	0.47	283	251	0.76	131	105	0.74	146	119	0.43	297	265
2007	0.47	283	251	0.78	128	104	0.74	147	121	0.43	299	267
2008	0.48	281	249	0.82	132	107	0.79	145	119	0.44	297	265
2009	0.47	280	248	0.84	124	98	0.81	138	111	0.43	292	260
2010	0.46	281	249	0.81	128	102	0.81	129	103	0.43	291	259
2011	0.50	281	249	0.86	126	100	0.88	121	95	0.46	293	261
2012	0.51	278	246	0.91	116	92	0.94	109	86	0.48	286	254
2013	0.51	280	248	0.89	128	104	0.90	119	96	0.47	290	258
2014	0.48	284	252	0.82	143	117	0.84	138	112	0.46	285	253
2015	0.40	282	250	0.68	152	126	0.70	144	119	0.39	285	253
2016	0.43	279	247	0.68	169	142	0.73	144	119	0.42	281	249
2017	0.41	282	250	0.65	180	154	0.69	166	140	0.41	285	253

（五）湖北省

總體來看，湖北省大部分地區在 19 年間的排名呈逐漸下降趨勢。在這 12 個地級市中，襄樊市排名非常靠前，在 300 個一般地級市中在大多數年份排名第 1 位。其次是黃石市、荊州市、宜昌市、荊門市和孝感市，前三者在大部分年份位於 50～100 名，後兩者在大部分年份位於 100～150 名。最後是十堰市、黃岡市、鄂州市、咸寧市、隨州市和恩施土家族苗族自治州，其中前五者在大部分年份位於 150～200 名，後者位於 250～300 名，在 300 個一般地級行政區中處於較為靠後的位置。見表 5-12。

表 5-12　湖北省地級市發展核算結果

年份	黃石市 TFP	排名1	排名2	十堰市 TFP	排名1	排名2	荊州市 TFP	排名1	排名2	宜昌市 TFP	排名1	排名2
1999	0.78	64	46	0.62	144	115	0.73	81	58	0.75	74	54
2000	0.78	61	41	0.60	133	104	0.71	80	55	0.65	104	75
2001	0.75	59	38	0.61	116	88	0.73	65	43	0.62	107	80
2002	0.72	53	36	0.62	102	75	0.71	61	41	0.59	118	91
2003	0.68	68	46	0.50	176	147	0.65	82	60	0.56	136	108
2004	0.70	99	74	0.57	174	144	0.65	129	102	0.58	169	139
2005	0.81	87	64	0.60	202	172	0.72	131	104	0.67	161	132
2006	0.83	99	75	0.60	227	196	0.72	155	127	0.68	169	140
2007	0.88	83	61	0.64	194	165	0.75	144	118	0.72	157	130
2008	0.92	94	69	0.65	210	181	0.78	149	123	0.77	154	128
2009	0.91	92	69	0.65	207	178	0.80	144	116	0.81	142	114
2010	0.88	102	78	0.62	215	184	0.64	206	175	0.74	153	127
2011	1.07	62	50	0.73	176	149	0.87	125	99	0.94	102	78
2012	1.09	65	51	0.72	185	158	0.89	121	97	0.97	101	78
2013	1.09	71	54	0.71	190	163	0.90	124	100	0.98	104	82
2014	1.07	76	59	0.69	196	168	0.88	124	100	0.97	107	85
2015	0.85	95	73	0.56	216	187	0.73	135	111	0.80	110	88
2016	0.90	93	71	0.59	213	184	0.77	125	101	0.86	102	80
2017	0.90	87	65	0.60	206	178	0.78	125	101	0.84	107	85

表5-12(續)

年份	鄂州市			荊門市			孝感市			黃岡市		
	TFP	排名1	排名2	TFP	排名1	排名2	TFP	排名1	排名2	TFP	排名1	排名2
1999	0.43	258	226	0.65	114	86	0.65	118	89	0.57	167	137
2000	0.45	242	210	0.58	148	119	0.58	147	118	0.57	156	127
2001	0.44	230	199	0.53	172	143	0.58	135	107	0.54	163	134
2002	0.44	220	189	0.56	137	109	0.57	133	105	0.51	175	146
2003	0.43	221	190	0.53	154	126	0.54	147	119	0.48	188	159
2004	0.48	241	210	0.57	175	145	0.58	172	142	0.51	221	190
2005	0.56	229	198	0.65	170	140	0.66	165	136	0.58	218	187
2006	0.59	236	205	0.65	180	150	0.68	171	142	0.58	237	206
2007	0.61	219	188	0.68	173	145	0.70	163	135	0.62	215	185
2008	0.63	218	189	0.70	178	150	0.74	166	139	0.66	206	177
2009	0.62	223	192	0.71	175	147	0.74	160	132	0.64	215	185
2010	0.58	237	206	0.64	205	174	0.70	173	146	0.61	222	191
2011	0.69	201	171	0.80	149	122	0.84	137	111	0.74	172	145
2012	0.69	205	177	0.82	147	120	0.82	144	117	0.75	173	146
2013	0.68	205	177	0.82	141	116	0.80	147	122	0.75	169	142
2014	0.67	208	180	0.80	148	122	0.74	173	146	0.74	172	145
2015	0.54	225	194	0.66	156	130	0.60	188	160	0.61	185	157
2016	0.57	222	193	0.70	156	131	0.63	191	163	0.65	182	154
2017	0.57	216	188	0.70	160	134	0.62	190	163	0.65	179	153

年份	隨州市			恩施土家族苗族自治州			襄樊市			咸寧市		
	TFP	排名1	排名2	TFP	排名1	排名2	TFP	排名1	排名2	TFP	排名1	排名2
1999	0.57	171	141	0.42	267	235	2.55	1	1	0.64	122	93
2000	0.54	176	145	0.38	282	250	2.47	1	1	0.65	105	76
2001	0.52	176	147	0.36	282	250	2.27	1	1	0.55	154	125
2002	0.51	176	147	0.32	296	264	2.21	1	1	0.53	163	134
2003	0.49	178	149	0.29	307	275	2.11	1	1	0.50	171	142

表5-12(續)

年份	隨州市 TFP	排名1	排名2	恩施土家族苗族自治州 TFP	排名1	排名2	襄樊市 TFP	排名1	排名2	咸寧市 TFP	排名1	排名2
2004	0.54	200	170	0.33	317	285	1.67	1	1	0.53	204	174
2005	0.61	193	163	0.39	311	279	1.96	1	1	0.61	191	161
2006	0.62	211	181	0.39	315	283	1.80	1	1	0.62	212	182
2007	0.64	193	164	0.37	315	283	1.91	1	1	0.66	183	154
2008	0.66	205	176	0.37	311	279	2.14	1	1	0.69	182	154
2009	0.65	209	179	0.37	312	280	2.31	1	1	0.69	183	155
2010	0.56	243	212	0.37	310	278	1.95	2	2	0.62	219	188
2011	0.71	188	161	0.41	303	271	2.63	1	1	0.76	166	139
2012	0.74	179	152	0.43	301	269	2.72	1	1	0.76	165	138
2013	0.73	183	156	0.43	301	269	2.72	1	1	0.74	173	146
2014	0.71	189	161	0.43	297	265	2.62	1	1	0.71	187	159
2015	0.58	208	180	0.36	301	269	2.13	1	1	0.57	212	184
2016	0.61	201	173	0.38	295	263	2.23	1	1	0.59	211	183
2017	0.60	199	172	0.38	298	266	2.19	1	1	0.59	209	181

（六）湖南省

總體來看，湖南省大部分地區在19年間的排名呈逐漸上升趨勢。在這13個地級市中，株洲市、湘潭市、岳陽市和常德市排名比較靠前，其中前者在300個一般地級市中的排名在大多數年份在前50位，後三者也在大部分年份位於50～100名。其次是衡陽市、益陽市、郴州市、永州市、懷化市和婁底市，這六者在大部分年份位於100～200名。最後是邵陽市、張家界市和湘西土家族苗族自治州，其中前兩者在大部分年份位於200～250名，後者位於250～300名，在300個一般地級行政區中處於較為靠後的位置。見表5-13。

表5-13 湖南省地級市發展核算結果

年份	株洲市 TFP	排名1	排名2	湘潭市 TFP	排名1	排名2	衡陽市 TFP	排名1	排名2	邵陽市 TFP	排名1	排名2	岳陽市 TFP	排名1	排名2
1999	0.74	80	57	0.71	90	65	0.54	186	155	0.41	277	245	0.82	60	43
2000	0.75	70	48	0.72	74	52	0.54	177	146	0.40	270	238	0.71	81	56

表5-13(續)

年份	株洲市 TFP	排名1	排名2	湘潭市 TFP	排名1	排名2	衡陽市 TFP	排名1	排名2	邵陽市 TFP	排名1	排名2	岳陽市 TFP	排名1	排名2
2001	0.74	60	39	0.72	67	45	0.53	168	139	0.39	265	233	0.71	71	49
2002	0.72	56	38	0.67	75	52	0.51	173	144	0.37	272	240	0.70	65	45
2003	0.71	61	42	0.66	75	53	0.50	173	144	0.36	272	240	0.68	70	48
2004	0.74	85	60	0.71	96	71	0.55	188	158	0.42	279	247	0.71	94	69
2005	0.83	78	55	0.80	97	73	0.62	186	156	0.47	277	245	0.80	92	69
2006	0.93	70	49	0.88	81	58	0.69	163	134	0.51	271	239	0.91	74	53
2007	0.97	57	39	0.92	69	49	0.73	154	127	0.51	268	236	0.92	68	48
2008	0.99	70	50	0.96	82	59	0.72	170	142	0.49	274	242	0.93	93	68
2009	1.00	66	50	0.96	74	56	0.72	171	143	0.47	277	245	0.91	89	67
2010	1.03	56	42	1.03	58	44	0.74	152	126	0.49	275	243	0.95	80	63
2011	1.12	51	40	1.15	47	37	0.81	147	120	0.53	268	236	0.99	92	72
2012	1.11	62	48	1.13	58	45	0.81	149	122	0.53	270	239	1.00	95	74
2013	1.08	76	59	1.09	74	57	0.79	151	125	0.52	272	240	0.99	99	77
2014	1.11	69	53	1.15	61	45	0.81	145	119	0.54	265	233	1.00	96	74
2015	0.93	76	56	0.96	68	51	0.67	153	127	0.45	263	232	0.83	99	77
2016	0.99	66	48	1.03	60	44	0.72	149	124	0.48	253	222	0.89	94	72
2017	0.99	71	52	1.02	66	48	0.72	147	122	0.49	254	222	0.88	92	70

年份	常德市 TFP	排名1	排名2	張家界市 TFP	排名1	排名2	益陽市 TFP	排名1	排名2	郴州市 TFP	排名1	排名2	永州市 TFP	排名1	排名2
1999	0.59	159	130	0.44	248	216	0.48	215	184	0.57	173	143	0.50	210	179
2000	0.61	127	98	0.45	239	207	0.49	207	176	0.57	153	124	0.51	201	170
2001	0.59	127	99	0.42	247	215	0.48	205	174	0.55	153	124	0.49	196	165
2002	0.59	121	94	0.41	245	214	0.46	202	171	0.53	162	133	0.46	204	173
2003	0.58	124	97	0.40	243	212	0.45	201	171	0.52	156	128	0.48	190	161
2004	0.64	132	105	0.44	268	236	0.52	217	186	0.56	178	148	0.52	218	187
2005	0.73	129	102	0.50	265	233	0.59	213	182	0.63	182	152	0.59	214	183

表5-13(續)

年份	常德市 TFP	排名1	排名2	張家界市 TFP	排名1	排名2	益陽市 TFP	排名1	排名2	郴州市 TFP	排名1	排名2	永州市 TFP	排名1	排名2
2006	0.82	105	81	0.55	250	219	0.65	185	155	0.67	175	146	0.65	186	156
2007	0.85	94	71	0.58	239	208	0.68	177	148	0.63	206	176	0.72	156	129
2008	0.89	110	85	0.59	241	209	0.69	183	155	0.65	208	179	0.68	195	166
2009	0.88	100	77	0.59	238	206	0.69	190	162	0.66	206	177	0.66	205	176
2010	0.93	84	66	0.63	213	182	0.72	165	138	0.68	187	159	0.69	179	151
2011	1.02	80	62	0.67	213	183	0.78	155	128	0.74	173	146	0.76	165	138
2012	1.01	88	68	0.68	215	187	0.78	159	132	0.73	182	155	0.76	170	143
2013	0.98	105	83	0.65	221	191	0.77	165	138	0.71	191	164	0.74	172	145
2014	1.01	93	72	0.69	198	170	0.79	154	128	0.73	179	151	0.77	161	134
2015	0.84	98	76	0.58	203	175	0.65	161	134	0.60	192	164	0.65	170	142
2016	0.90	92	70	0.63	187	159	0.70	157	132	0.64	184	156	0.70	159	134
2017	0.90	89	67	0.64	181	155	0.70	159	133	0.64	184	158	0.70	158	132

年份	懷化市 TFP	排名1	排名2	婁底市 TFP	排名1	排名2	湘西土家族苗族自治州 TFP	排名1	排名2
1999	0.51	208	177	0.53	188	157	0.33	311	279
2000	0.51	195	164	0.53	183	152	0.32	310	278
2001	0.49	194	163	0.51	182	152	0.29	315	283
2002	0.48	191	160	0.46	201	170	0.27	318	286
2003	0.48	189	160	0.48	184	155	0.26	319	287
2004	0.54	195	165	0.54	193	163	0.30	326	294
2005	0.61	192	162	0.60	205	175	0.33	324	292
2006	0.67	173	144	0.65	181	151	0.35	324	292
2007	0.69	164	136	0.68	175	146	0.36	318	286
2008	0.69	184	156	0.69	186	158	0.35	322	290
2009	0.69	188	160	0.68	196	167	0.32	322	290
2010	0.72	163	136	0.70	171	144	0.32	323	291

表5-13(續)

年份	懷化市			婁底市			湘西土家族苗族自治州		
	TFP	排名1	排名2	TFP	排名1	排名2	TFP	排名1	排名2
2011	0.79	152	125	0.77	161	134	0.35	321	289
2012	0.80	153	126	0.78	160	133	0.34	322	290
2013	0.79	153	126	0.78	161	134	0.32	323	291
2014	0.78	159	133	0.79	153	127	0.33	323	291
2015	0.65	164	137	0.65	169	141	0.28	322	290
2016	0.71	154	129	0.69	163	137	0.30	318	286
2017	0.71	154	128	0.70	163	137	0.30	315	283

三、西部

(一) 內蒙古自治區

總體來看，內蒙古自治區大部分地區在19年間的排名呈先升後降趨勢。在這11個地級市中，包頭市、烏海市、阿拉善盟、伊克昭盟和呼倫貝爾盟排名非常靠前，其中前兩者始終在300個一般地級市中排名前50位，後三者也在大部分年份位於50~100名。其次是通遼市、巴彥淖爾盟、赤峰市和錫林郭勒盟，其中前兩者在大部分年份位於100~150名，後兩者也在大部分年份位於150~200名。最後是烏蘭察布盟和興安盟，這兩者在大部分年份位於200~250名，在300個一般地級行政區中處於較為靠後的位置。見表5-14。

表5-14　內蒙古自治區地級市發展核算結果

年份	包頭市			烏海市			赤峰市			通遼市		
	TFP	排名1	排名2	TFP	排名1	排名2	TFP	排名1	排名2	TFP	排名1	排名2
1999	0.87	44	30	0.90	38	25	0.47	231	199	0.61	149	120
2000	0.77	63	42	0.83	50	31	0.44	245	213	0.57	154	125
2001	0.73	64	42	0.77	53	33	0.42	244	212	0.53	169	140
2002	0.76	50	34	0.73	51	35	0.42	236	205	0.53	156	127
2003	0.85	37	23	0.79	47	31	0.44	212	181	0.59	115	88
2004	1.02	21	13	0.99	26	16	0.53	208	177	0.67	120	93

表5-14(續)

年份	包頭市 TFP	排名1	排名2	烏海市 TFP	排名1	排名2	赤峰市 TFP	排名1	排名2	通遼市 TFP	排名1	排名2
2005	1.13	16	9	1.03	29	20	0.58	216	185	0.76	108	82
2006	1.18	16	10	1.13	21	14	0.63	203	173	0.81	111	86
2007	0.98	53	35	1.01	42	29	0.57	244	213	0.73	152	125
2008	1.13	42	30	1.13	41	29	0.62	223	193	0.79	147	121
2009	1.29	29	19	1.33	25	17	0.67	199	170	0.89	96	73
2010	1.16	37	28	1.24	28	20	0.62	214	183	0.83	118	92
2011	1.23	37	28	1.34	27	18	0.66	220	190	0.87	124	98
2012	1.20	44	34	1.32	33	24	0.66	227	198	0.80	151	124
2013	1.30	40	30	1.39	32	23	0.68	210	182	0.84	137	112
2014	1.44	25	18	1.48	21	14	0.73	178	150	0.96	109	87
2015	1.20	27	21	1.20	26	20	0.61	186	158	0.76	120	96
2016	1.27	23	17	1.29	20	15	0.65	179	152	0.81	116	93
2017	1.36	18	14	1.40	15	11	0.67	173	147	0.81	112	90

年份	呼倫貝爾盟 TFP	排名1	排名2	巴彥淖爾盟 TFP	排名1	排名2	烏蘭察布盟 TFP	排名1	排名2	錫林郭勒盟 TFP	排名1	排名2
1999	0.86	47	32	0.64	125	96	0.41	274	242	0.68	104	77
2000	0.75	71	49	0.65	101	73	0.39	279	247	0.63	118	89
2001	0.70	78	54	0.56	147	119	0.39	270	238	0.55	159	130
2002	0.67	76	53	0.54	151	123	0.38	262	230	0.51	172	143
2003	0.65	81	59	0.54	145	117	0.44	209	178	0.52	162	134
2004	0.80	63	43	0.63	137	110	0.52	211	180	0.65	124	97
2005	0.91	62	42	0.73	124	97	0.57	222	191	0.69	156	128
2006	1.01	43	31	0.78	122	96	0.64	195	165	0.70	159	130
2007	0.84	98	74	0.68	176	147	0.59	233	202	0.58	236	205
2008	0.98	72	52	0.76	162	135	0.67	198	169	0.67	197	168
2009	1.09	52	40	0.86	117	92	0.75	159	131	0.80	147	119

表5-14(續)

年份	呼倫貝爾盟			巴彥淖爾盟			烏蘭察布盟			錫林郭勒盟		
	TFP	排名1	排名2	TFP	排名1	排名2	TFP	排名1	排名2	TFP	排名1	排名2
2010	1.00	63	49	0.79	138	112	0.73	157	131	0.68	186	158
2011	1.03	75	58	0.83	140	114	0.78	156	129	0.71	190	163
2012	0.98	98	77	0.82	148	121	0.75	175	148	0.72	186	159
2013	1.02	87	68	0.89	127	103	0.78	155	128	0.78	160	133
2014	1.10	71	55	0.98	105	83	0.84	136	110	0.85	131	105
2015	0.89	86	64	0.82	107	85	0.70	145	120	0.71	143	118
2016	0.95	81	59	0.88	98	76	0.75	139	114	0.75	138	113
2017	0.97	76	56	0.93	84	62	0.80	116	93	0.79	119	96

年份	伊克昭盟			興安盟			阿拉善盟		
	TFP	排名1	排名2	TFP	排名1	排名2	TFP	排名1	排名2
1999	0.76	71	51	0.51	205	174	0.87	45	31
2000	0.76	68	46	0.48	214	183	0.84	49	30
2001	0.70	79	55	0.45	225	194	0.76	55	35
2002	0.71	62	42	0.47	197	166	0.81	46	30
2003	0.76	51	34	0.48	183	154	0.82	42	27
2004	0.90	38	25	0.56	181	151	0.98	28	18
2005	1.01	34	24	0.64	176	146	1.00	39	26
2006	1.06	33	21	0.64	193	163	1.04	36	24
2007	0.88	84	62	0.55	251	220	0.85	97	73
2008	1.02	61	45	0.57	248	216	1.06	54	39
2009	1.21	38	27	0.60	230	199	1.26	34	24
2010	1.07	47	36	0.56	245	214	1.17	35	26
2011	1.12	52	41	0.55	262	230	1.26	33	24
2012	1.10	64	50	0.52	274	243	1.14	56	44
2013	1.21	49	36	0.52	276	244	1.20	51	38
2014	1.32	36	27	0.57	253	222	1.31	38	29
2015	1.10	38	30	0.47	252	221	1.04	49	36
2016	1.15	39	28	0.50	248	217	1.12	43	32
2017	1.22	32	24	0.51	245	214	1.18	36	27

（二）廣西壯族自治區

總體來看，廣西壯族自治區大部分地區在 19 年間的排名呈先升後降趨勢。在這 13 個地級市中，桂林市、北海市、防城港市和崇左市排名比較靠前，這四者在 300 個一般地級市中大多數年份的排名在 50～100 位。其次是柳州市、梧州市、來賓市和賀州市，其中前三者在大部分年份位於 100～150 名，後者也在大部分年份位於 150～200 名。最後是欽州市、玉林市、河池市、百色市和貴港市，其中前四者在大部分年份位於 200～250 名，後者位於 250～300 名，在 300 個一般地級行政區中處於較為靠後的位置。見表 5-15。

表 5-15 廣西壯族自治區地級市發展核算結果

年份	柳州市 TFP	排名1	排名2	桂林市 TFP	排名1	排名2	梧州市 TFP	排名1	排名2	北海市 TFP	排名1	排名2	防城港市 TFP	排名1	排名2
1999	0.51	203	172	0.59	154	125	0.48	220	189	0.70	96	71	0.70	95	70
2000	0.51	194	163	0.60	136	107	0.48	219	188	0.68	89	62	0.67	90	63
2001	0.51	186	155	0.58	137	109	0.46	219	188	0.66	92	65	0.65	97	70
2002	0.55	146	118	0.56	140	112	0.46	209	178	0.65	87	62	0.64	89	64
2003	0.53	152	124	0.53	151	123	0.45	204	173	0.63	97	74	0.61	106	80
2004	0.63	142	115	0.63	139	112	0.58	171	141	0.75	80	56	0.70	98	73
2005	0.72	137	110	0.73	122	95	0.71	141	114	0.91	61	41	0.82	83	60
2006	0.73	149	121	0.74	143	116	0.65	184	154	0.94	65	44	0.85	90	67
2007	0.77	131	107	0.77	135	110	0.68	171	143	1.02	39	27	0.90	74	53
2008	0.85	120	95	0.86	118	93	0.76	163	136	1.19	32	22	1.03	58	42
2009	0.93	86	65	0.96	76	57	0.81	141	113	1.35	24	16	1.15	43	31
2010	0.93	83	65	1.00	64	50	0.80	133	107	1.42	14	7	1.21	31	23
2011	0.92	106	81	1.04	74	57	0.84	138	112	1.49	14	8	1.22	39	30
2012	0.83	142	115	1.03	84	65	0.78	158	131	1.46	19	11	1.10	63	49
2013	0.80	146	121	1.07	79	62	0.85	133	108	1.74	8	5	1.14	65	50
2014	0.79	155	129	1.07	75	58	0.81	146	120	1.99	4	3	1.14	62	46
2015	0.65	165	138	0.91	78	57	0.69	150	125	1.75	2	2	0.99	52	45
2016	0.68	171	144	0.96	77	57	0.72	147	122	1.69	3	2	1.08	52	39
2017	0.58	215	187	0.80	117	94	0.62	191	164	1.45	10	7	0.91	86	64

表5-15(續)

年份	欽州市 TFP	排名1	排名2	貴港市 TFP	排名1	排名2	玉林市 TFP	排名1	排名2	百色市 TFP	排名1	排名2	賀州市 TFP	排名1	排名2
1999	0.46	236	204	0.35	301	269	0.43	254	222	0.40	278	246	0.51	204	173
2000	0.43	253	221	0.33	303	271	0.42	259	227	0.40	272	240	0.47	228	196
2001	0.41	251	219	0.33	300	268	0.40	256	224	0.36	279	247	0.45	223	192
2002	0.40	251	220	0.32	295	263	0.40	247	216	0.36	278	246	0.43	225	194
2003	0.37	268	236	0.32	285	253	0.40	246	215	0.36	273	241	0.46	199	169
2004	0.45	264	232	0.39	291	259	0.48	244	213	0.43	277	245	0.55	184	154
2005	0.52	254	223	0.44	283	251	0.53	247	216	0.53	248	217	0.64	177	147
2006	0.55	251	220	0.45	292	260	0.56	246	215	0.53	258	227	0.63	205	175
2007	0.57	246	215	0.48	281	249	0.58	238	207	0.51	272	240	0.65	190	161
2008	0.61	230	199	0.49	276	244	0.62	227	196	0.53	265	233	0.64	213	184
2009	0.63	217	186	0.51	267	235	0.64	210	180	0.57	243	211	0.70	180	152
2010	0.69	180	152	0.52	261	229	0.66	195	164	0.59	230	199	0.71	170	143
2011	0.76	164	137	0.53	270	238	0.68	207	177	0.58	248	217	0.71	192	165
2012	0.74	181	154	0.51	283	251	0.64	233	203	0.53	267	236	0.68	213	185
2013	0.74	176	149	0.50	282	250	0.64	228	198	0.54	265	234	0.69	200	172
2014	0.75	167	140	0.49	283	251	0.64	225	195	0.55	258	227	0.68	202	174
2015	0.64	174	146	0.40	281	249	0.54	226	195	0.47	253	222	0.58	204	176
2016	0.68	172	145	0.43	278	246	0.58	218	189	0.51	247	216	0.62	194	166
2017	0.61	196	169	0.37	303	271	0.51	243	212	0.45	270	238	0.53	235	205

年份	河池市 TFP	排名1	排名2	來賓市 TFP	排名1	排名2	崇左市 TFP	排名1	排名2
1999	0.48	225	193	0.65	116	88	0.71	94	69
2000	0.46	234	202	0.55	166	137	0.64	114	85
2001	0.41	250	218	0.54	162	133	0.60	124	96
2002	0.40	248	217	0.53	159	130	0.58	126	99
2003	0.34	278	246	0.50	167	138	0.56	140	112
2004	0.44	273	241	0.60	163	134	0.70	103	77

表5-15（續）

年份	河池市 TFP	排名1	排名2	來賓市 TFP	排名1	排名2	崇左市 TFP	排名1	排名2
2005	0.49	269	237	0.69	152	124	0.78	102	77
2006	0.50	278	246	0.72	152	124	0.82	103	79
2007	0.52	263	232	0.78	127	103	0.87	86	64
2008	0.58	247	215	0.84	126	101	0.97	80	57
2009	0.60	228	197	0.90	95	72	1.05	58	44
2010	0.62	217	186	0.95	77	61	1.07	48	37
2011	0.60	240	209	1.00	90	70	1.18	43	34
2012	0.54	264	233	0.96	104	81	1.13	60	47
2013	0.53	271	239	0.93	111	88	1.17	57	43
2014	0.54	263	232	0.91	116	93	1.17	58	42
2015	0.45	259	228	0.74	131	107	0.99	60	44
2016	0.48	256	224	0.78	123	99	1.05	56	41
2017	0.44	274	242	0.69	165	139	0.93	83	61

（三）四川省

總體來看，四川省大部分地區在19年間的排名呈逐漸上升趨勢。在這20個地級市中，攀枝花市、德陽市、綿陽市和自貢市排名比較靠前，其中前者在300個一般地級市中大多數年份排名在前50位，後三者也在大部分年份位於50～150名。其次是遂寧市、內江市、樂山市、瀘州市和宜賓市，這五者在大部分年份位於150～200名。然後是資陽市、南充市、眉山市、廣安市、達州市、雅安市和涼山彝族自治州，前者大部分年份位於150～250名，後六者大部分年份位於200～250名。最後是廣元市、巴中市、阿壩藏族羌族自治州、甘孜藏族自治州，這四者大部分年份位於250～300名，在300個一般地級行政區中處於較為靠後的位置。見表5-16。

表5-16 四川省地級市發展核算結果

年份	自貢市 TFP	排名1	排名2	攀枝花市 TFP	排名1	排名2	瀘州市 TFP	排名1	排名2	德陽市 TFP	排名1	排名2	綿陽市 TFP	排名1	排名2
1999	0.54	182	152	0.98	27	17	0.43	260	228	0.63	122	93	0.64	123	94
2000	0.55	170	140	0.93	33	19	0.41	261	229	0.62	106	79	0.62	123	94

表 5-16(續)

年份	自貢市			攀枝花市			瀘州市			德陽市			綿陽市		
	TFP	排名1	排名2	TFP	排名1	排名2	TFP	排名1	排名2	TFP	排名1	排名2	TFP	排名1	排名2
2001	0.54	165	136	0.90	34	21	0.40	258	226	0.62	103	76	0.58	141	113
2002	0.54	155	126	0.89	30	17	0.38	259	227	0.63	96	73	0.59	123	96
2003	0.54	144	116	0.89	32	19	0.39	255	224	0.70	106	80	0.58	125	98
2004	0.61	156	127	0.92	35	22	0.45	265	233	0.81	90	67	0.65	123	96
2005	0.72	133	106	0.94	52	35	0.52	253	222	0.88	83	60	0.73	130	103
2006	0.78	120	94	0.95	62	43	0.59	228	197	0.92	66	46	0.78	119	93
2007	0.78	125	101	0.98	51	33	0.62	207	177	0.90	108	83	0.82	103	79
2008	0.79	144	118	1.03	57	41	0.64	215	186	0.85	120	95	0.77	156	129
2009	0.78	150	122	1.02	63	48	0.63	218	187	0.88	103	79	0.75	158	130
2010	0.80	131	105	1.02	59	45	0.65	199	168	0.89	116	90	0.77	144	118
2011	0.83	143	117	1.00	89	69	0.69	205	175	0.91	115	91	0.78	159	132
2012	0.84	139	112	1.04	80	63	0.70	203	175	0.91	116	93	0.79	157	130
2013	0.84	135	110	1.01	91	71	0.68	206	178	0.90	119	95	0.80	150	124
2014	0.82	144	118	1.00	98	76	0.67	210	182	0.87	92	70	0.80	152	126
2015	0.76	122	98	1.11	37	29	0.63	177	149	0.91	91	69	0.77	119	95
2016	0.87	100	78	1.12	41	30	0.64	183	155	0.93	82	60	0.81	115	92
2017	0.87	96	74	1.12	46	34	0.64	182	156	0.63	122	93	0.83	109	87

年份	廣元市			遂寧市			內江市			樂山市			南充市		
	TFP	排名1	排名2	TFP	排名1	排名2	TFP	排名1	排名2	TFP	排名1	排名2	TFP	排名1	排名2
1999	0.39	284	252	0.43	252	220	0.43	256	224	0.47	226	194	0.31	318	286
2000	0.37	286	254	0.44	246	214	0.43	252	220	0.47	223	192	0.32	309	277
2001	0.34	293	261	0.43	239	208	0.43	242	210	0.47	213	182	0.32	304	272
2002	0.33	290	258	0.42	235	204	0.43	226	195	0.46	203	172	0.32	291	259
2003	0.32	286	254	0.42	229	198	0.43	214	183	0.46	197	167	0.32	283	251
2004	0.38	294	262	0.49	239	208	0.52	215	184	0.51	226	195	0.39	289	257
2005	0.43	293	261	0.60	204	174	0.57	224	193	0.56	228	197	0.49	271	239
2006	0.44	295	263	0.62	210	180	0.63	209	179	0.59	235	204	0.50	275	243

第五章 其他地級行政區全要素生產率比較 115

表5-16（續）

年份	廣元市 TFP	排名1	排名2	遂寧市 TFP	排名1	排名2	內江市 TFP	排名1	排名2	樂山市 TFP	排名1	排名2	南充市 TFP	排名1	排名2
2007	0.45	287	255	0.63	203	173	0.65	191	162	0.61	220	189	0.52	266	235
2008	0.41	308	276	0.63	220	191	0.68	196	167	0.69	189	161	0.58	244	212
2009	0.37	310	278	0.61	227	196	0.67	200	171	0.68	191	163	0.56	245	213
2010	0.36	312	280	0.59	228	197	0.71	168	141	0.68	182	154	0.61	223	192
2011	0.37	314	282	0.60	241	210	0.81	146	119	0.71	189	162	0.60	242	211
2012	0.38	311	279	0.60	246	216	0.82	146	119	0.72	187	160	0.60	247	217
2013	0.38	313	281	0.61	241	210	0.83	140	115	0.74	177	150	0.58	251	220
2014	0.38	311	279	0.59	248	217	0.81	147	121	0.72	184	156	0.55	257	226
2015	0.37	295	263	0.59	198	170	0.75	127	103	0.69	148	123	0.52	236	205
2016	0.39	293	261	0.61	197	169	0.77	124	100	0.71	151	126	0.53	240	209
2017	0.39	291	259	0.61	195	168	0.77	128	104	0.71	148	123	0.52	239	209

年份	眉山市 TFP	排名1	排名2	宜賓市 TFP	排名1	排名2	廣安市 TFP	排名1	排名2	達州市 TFP	排名1	排名2	雅安市 TFP	排名1	排名2
1999	0.44	245	213	0.43	257	225	0.39	285	253	0.42	264	232	0.51	209	178
2000	0.44	243	211	0.44	244	212	0.38	280	248	0.43	250	218	0.50	204	173
2001	0.42	243	211	0.44	235	204	0.37	275	243	0.42	245	213	0.48	202	171
2002	0.42	234	203	0.43	224	193	0.38	265	233	0.42	238	207	0.47	196	165
2003	0.43	219	188	0.43	223	192	0.38	259	228	0.40	240	209	0.46	198	168
2004	0.50	233	202	0.51	224	193	0.46	261	229	0.46	257	225	0.52	219	188
2005	0.56	234	203	0.57	225	194	0.49	270	238	0.56	237	206	0.54	245	214
2006	0.56	245	214	0.59	231	200	0.51	270	238	0.59	229	198	0.54	253	222
2007	0.57	243	212	0.61	218	187	0.53	259	228	0.58	241	210	0.55	254	221
2008	0.57	249	217	0.63	219	190	0.58	243	211	0.57	251	219	0.54	259	227
2009	0.56	244	212	0.63	219	188	0.58	241	209	0.57	251	219	0.53	260	228
2010	0.57	241	210	0.65	201	170	0.58	238	207	0.55	246	215	0.52	263	231
2011	0.59	245	214	0.68	210	180	0.61	239	208	0.57	252	221	0.53	269	237

表5-16(續)

年份	眉山市 TFP	排名1	排名2	宜賓市 TFP	排名1	排名2	廣安市 TFP	排名1	排名2	達州市 TFP	排名1	排名2	雅安市 TFP	排名1	排名2
2012	0.61	238	208	0.68	216	188	0.61	239	209	0.56	258	227	0.52	272	241
2013	0.62	235	204	0.68	214	186	0.61	238	207	0.56	257	226	0.52	277	245
2014	0.60	241	210	0.65	218	189	0.60	246	215	0.55	259	228	0.52	269	237
2015	0.58	206	178	0.61	187	159	0.56	215	186	0.49	246	215	0.50	240	209
2016	0.60	205	177	0.63	190	162	0.57	221	192	0.50	250	219	0.53	242	211
2017	0.59	213	185	0.63	188	162	0.56	219	190	0.50	249	217	0.54	232	202

年份	巴中市 TFP	排名1	排名2	資陽市 TFP	排名1	排名2	阿壩藏族羌族自治州 TFP	排名1	排名2	甘孜藏族自治州 TFP	排名1	排名2	涼山彝族自治州 TFP	排名1	排名2
1999	0.35	302	270	0.40	281	249	0.48	218	187	0.36	295	263	0.42	269	237
2000	0.34	299	267	0.39	277	245	0.45	235	203	0.31	317	285	0.41	269	237
2001	0.31	308	276	0.38	272	240	0.43	237	206	0.29	317	285	0.40	260	228
2002	0.31	304	272	0.38	266	234	0.42	237	206	0.28	316	284	0.39	256	224
2003	0.31	296	264	0.39	250	219	0.41	237	206	0.27	314	282	0.39	249	218
2004	0.38	296	264	0.48	247	216	0.44	270	238	0.30	325	293	0.46	256	224
2005	0.41	297	265	0.60	199	169	0.46	281	249	0.31	327	295	0.51	258	227
2006	0.43	299	267	0.65	187	157	0.45	291	259	0.32	330	298	0.53	261	230
2007	0.44	297	265	0.67	178	149	0.45	288	256	0.31	332	300	0.54	255	224
2008	0.44	295	263	0.69	181	153	0.27	332	300	0.28	331	299	0.54	262	230
2009	0.43	294	262	0.69	184	156	0.29	328	296	0.27	332	300	0.52	263	231
2010	0.43	289	257	0.69	181	153	0.28	330	298	0.26	332	300	0.52	264	232
2011	0.47	286	254	0.72	185	158	0.28	330	298	0.25	332	300	0.52	275	243
2012	0.46	298	266	0.71	191	164	0.29	326	294	0.25	331	299	0.51	279	247
2013	0.45	296	264	0.68	211	183	0.30	326	294	0.25	331	299	0.52	274	242
2014	0.42	301	269	0.66	213	185	0.29	327	295	0.23	332	300	0.51	270	238
2015	0.38	289	257	0.61	183	155	0.29	320	288	0.21	331	299	0.46	257	226
2016	0.38	297	265	0.71	152	127	0.29	322	290	0.22	331	299	0.47	261	229
2017	0.37	305	273	0.74	138	113	0.29	319	287	0.22	332	300	0.47	265	233

（四）貴州省

總體來看，貴州省大部分地區在 19 年間的排名呈逐漸上升趨勢。在這 8 個地級市中，遵義市排名比較靠中，在 300 個一般地級市中有部分年份排名進入前 100 名以內。其次是六盤水市、安順市和黔南布依族苗族自治州，這三者大部分年份位於 150～250 名。最後是銅仁市、畢節市、黔西南布依族苗族自治州和黔東南苗族侗族自治州，這四者大部分年份位於 250～300 名，在 300 個一般地級行政區中處於較為靠後的位置。見表 5-17。

表 5-17 貴州省地級市發展核算結果

年份	六盤水市 TFP	排名1	排名2	遵義市 TFP	排名1	排名2	安順市 TFP	排名1	排名2	銅仁市 TFP	排名1	排名2
1999	0.39	287	255	0.43	253	221	0.32	313	281	0.24	330	298
2000	0.45	240	208	0.41	266	234	0.32	308	276	0.24	328	296
2001	0.37	278	246	0.39	264	232	0.31	307	275	0.22	330	298
2002	0.35	279	247	0.38	267	235	0.29	309	277	0.22	330	298
2003	0.35	275	243	0.38	265	233	0.29	305	273	0.21	329	297
2004	0.42	281	249	0.44	267	235	0.36	302	270	0.27	329	297
2005	0.48	274	242	0.56	238	207	0.41	298	266	0.30	331	299
2006	0.52	264	232	0.59	234	203	0.45	290	258	0.34	326	294
2007	0.53	258	227	0.64	197	168	0.48	280	248	0.35	323	291
2008	0.56	252	220	0.67	200	171	0.47	283	251	0.32	328	296
2009	0.54	256	224	0.70	181	153	0.47	283	251	0.31	326	294
2010	0.57	242	211	0.75	149	123	0.47	279	247	0.31	325	293
2011	0.68	211	181	0.84	133	107	0.58	250	219	0.32	324	292
2012	0.72	184	157	0.90	117	93	0.62	237	207	0.34	321	289
2013	0.77	162	135	0.96	108	86	0.65	219	190	0.37	318	286
2014	0.78	156	130	1.00	94	73	0.62	232	202	0.36	317	285
2015	0.69	149	124	0.89	87	65	0.55	221	191	0.31	314	282
2016	0.75	132	108	0.98	71	53	0.61	202	174	0.33	312	280
2017	0.73	142	117	0.96	78	57	0.60	202	174	0.33	311	279

表5-17(續)

年份	黔西南布依族苗族自治州 TFP	排名1	排名2	黔東南苗族侗族自治州 TFP	排名1	排名2	黔南布依族苗族自治州 TFP	排名1	排名2	畢節市 TFP	排名1	排名2
1999	0.29	323	291	0.24	329	297	0.35	303	271	0.28	325	293
2000	0.27	323	291	0.23	329	297	0.34	300	268	0.27	325	293
2001	0.27	323	291	0.23	329	297	0.33	299	267	0.26	324	292
2002	0.25	322	290	0.22	329	297	0.31	298	266	0.25	324	292
2003	0.26	321	289	0.21	330	298	0.32	287	255	0.25	323	291
2004	0.32	319	287	0.27	330	298	0.39	293	261	0.25	318	286
2005	0.36	318	286	0.31	330	298	0.44	284	252	0.38	314	282
2006	0.39	314	282	0.32	329	297	0.47	284	252	0.41	307	275
2007	0.40	308	276	0.33	328	296	0.49	277	245	0.42	302	270
2008	0.39	310	278	0.33	325	293	0.49	275	243	0.42	305	273
2009	0.38	307	275	0.32	323	291	0.49	272	240	0.41	296	264
2010	0.38	304	272	0.39	299	267	0.51	270	238	0.41	296	264
2011	0.50	280	248	0.45	295	263	0.53	267	235	0.44	298	266
2012	0.52	275	244	0.48	290	258	0.55	260	229	0.47	295	263
2013	0.55	261	230	0.51	278	246	0.58	248	217	0.49	285	253
2014	0.56	255	224	0.51	272	240	0.64	224	194	0.51	274	242
2015	0.48	249	218	0.44	272	241	0.62	180	152	0.44	266	235
2016	0.54	237	206	0.48	258	226	0.69	164	138	0.49	252	221
2017	0.53	238	208	0.46	268	236	0.69	168	142	0.49	253	221

(五) 雲南省

總體來看，雲南省大部分地區在19年間的排名呈逐漸上升趨勢。在這15個地級市中，玉溪市排名比較靠前，在300個一般地級市中的排名在大多數年份位於前100位。其次是西雙版納傣族自治州、楚雄彝族自治州、大理白族自治州、曲靖市、保山市、紅河哈尼族彝族自治州和德宏傣族景頗族自治州，其中前三者大部分年份位於100～250名，後四者也在大部分年份位於200～250名。最後是昭通市、麗江市、普洱市、臨滄市、文山壯族苗族自治州、怒江傈

傈僳族自治州和迪慶藏族自治州,這七者在大部分年份位於 250~300 名,在 300 個一般地級行政區中處於較為靠後的位置。見表 5-18。

表 5-18 雲南省地級市發展核算結果

年份	曲靖市 TFP	排名1	排名2	玉溪市 TFP	排名1	排名2	保山市 TFP	排名1	排名2	昭通市 TFP	排名1	排名2	麗江市 TFP	排名1	排名2
1999	0.42	271	239	0.87	42	29	0.36	296	264	0.32	316	284	0.33	308	276
2000	0.39	276	244	0.76	69	47	0.34	297	265	0.31	316	284	0.32	311	279
2001	0.38	271	239	0.66	93	66	0.32	303	271	0.28	319	287	0.30	313	281
2002	0.37	273	241	0.58	131	103	0.31	300	268	0.25	323	291	0.29	315	283
2003	0.36	274	242	0.56	138	110	0.31	294	262	0.25	325	293	0.28	311	279
2004	0.44	272	240	0.65	128	101	0.38	298	266	0.31	321	289	0.34	313	281
2005	0.52	255	224	0.80	91	68	0.44	286	254	0.34	322	290	0.39	308	276
2006	0.55	252	221	0.84	95	71	0.46	286	254	0.37	321	289	0.40	311	279
2007	0.54	256	225	0.87	88	66	0.47	285	253	0.37	317	285	0.40	310	278
2008	0.57	250	218	1.01	66	48	0.49	273	241	0.36	318	286	0.41	306	274
2009	0.53	262	230	0.95	77	58	0.46	286	254	0.33	318	286	0.38	309	277
2010	0.49	273	241	0.92	88	69	0.44	286	254	0.33	320	288	0.36	313	281
2011	0.56	255	224	1.08	59	47	0.49	282	250	0.37	313	281	0.40	306	274
2012	0.64	234	204	1.27	37	27	0.56	259	228	0.41	306	274	0.47	293	261
2013	0.65	223	193	1.27	44	32	0.57	252	221	0.42	305	273	0.47	291	259
2014	0.61	238	207	1.23	47	35	0.58	252	221	0.40	307	275	0.43	299	267
2015	0.50	242	211	1.02	55	41	0.48	248	217	0.34	307	275	0.36	300	268
2016	0.56	228	199	1.12	45	33	0.53	239	208	0.37	307	275	0.39	291	259
2017	0.59	208	180	1.18	37	28	0.55	224	195	0.38	295	263	0.42	281	249

年份	普洱市 TFP	排名1	排名2	臨滄市 TFP	排名1	排名2	文山壯族苗族自治州 TFP	排名1	排名2	紅河哈尼族彝族自治州 TFP	排名1	排名2	西雙版納傣族自治州 TFP	排名1	排名2
1999	0.30	321	289	0.33	309	277	0.29	324	292	0.44	250	218	0.53	194	163
2000	0.29	321	289	0.32	312	280	0.25	326	294	0.41	263	231	0.49	208	177
2001	0.29	318	286	0.30	312	280	0.24	326	294	0.39	269	237	0.45	224	193
2002	0.27	319	287	0.29	310	278	0.23	328	296	0.38	260	228	0.43	229	198

表5-18(續)

年份	普洱市 TFP	排名1	排名2	臨滄市 TFP	排名1	排名2	文山壯族苗族自治州 TFP	排名1	排名2	紅河哈尼族彝族自治州 TFP	排名1	排名2	西雙版納傣族自治州 TFP	排名1	排名2
2003	0.26	317	285	0.29	306	274	0.23	327	295	0.39	252	221	0.43	225	194
2004	0.32	320	288	0.35	309	277	0.29	327	295	0.48	246	215	0.51	225	194
2005	0.36	320	288	0.39	305	273	0.32	325	293	0.55	240	209	0.61	194	164
2006	0.36	322	290	0.41	308	276	0.34	327	295	0.58	240	209	0.62	218	188
2007	0.36	319	287	0.41	307	275	0.34	326	294	0.58	240	209	0.61	223	192
2008	0.36	319	287	0.43	301	269	0.34	324	292	0.61	229	198	0.65	209	180
2009	0.34	320	288	0.40	302	270	0.32	324	292	0.56	249	217	0.60	233	202
2010	0.32	321	289	0.37	306	274	0.30	327	295	0.51	267	235	0.56	244	213
2011	0.36	318	286	0.42	301	269	0.34	322	290	0.59	247	216	0.63	230	200
2012	0.39	308	276	0.45	299	267	0.38	313	281	0.68	217	189	0.72	183	156
2013	0.40	310	278	0.44	299	267	0.39	312	280	0.66	218	189	0.74	179	152
2014	0.39	310	278	0.45	289	257	0.41	304	272	0.64	227	197	0.80	149	123
2015	0.33	309	277	0.37	294	262	0.34	306	274	0.52	235	204	0.66	159	133
2016	0.37	306	274	0.40	286	254	0.38	301	269	0.57	220	191	0.73	146	121
2017	0.38	296	264	0.41	284	252	0.40	289	257	0.60	203	175	0.75	134	109

年份	楚雄彝族自治州 TFP	排名1	排名2	大理白族自治州 TFP	排名1	排名2	德宏傣族景頗族自治州 TFP	排名1	排名2	怒江傈僳族自治州 TFP	排名1	排名2	迪慶藏族自治州 TFP	排名1	排名2
1999	0.42	270	238	0.42	265	233	0.40	279	247	0.31	320	288	0.31	317	285
2000	0.40	275	243	0.40	273	241	0.38	283	251	0.29	320	288	0.29	322	290
2001	0.39	266	234	0.39	262	230	0.35	289	257	0.27	322	290	0.27	321	289
2002	0.38	264	232	0.37	270	238	0.33	285	253	0.26	320	288	0.25	322	293
2003	0.38	260	229	0.37	266	234	0.33	281	249	0.26	320	288	0.25	322	290
2004	0.47	251	219	0.46	258	226	0.40	285	253	0.30	323	291	0.35	310	278
2005	0.56	233	202	0.56	236	205	0.44	285	253	0.36	321	289	0.39	306	274
2006	0.58	239	208	0.59	232	201	0.46	287	255	0.48	281	249	0.41	309	277
2007	0.58	234	203	0.61	221	190	0.46	286	254	0.47	282	250	0.41	306	274

表5-18(續)

年份	楚雄彝族自治州 TFP	排名1	排名2	大理白族自治州 TFP	排名1	排名2	德宏傣族景頗族自治州 TFP	排名1	排名2	怒江傈僳族自治州 TFP	排名1	排名2	迪慶藏族自治州 TFP	排名1	排名2
2008	0.62	225	194	0.63	216	187	0.47	282	250	0.45	291	259	0.45	292	260
2009	0.57	242	210	0.59	236	205	0.44	288	256	0.41	300	268	0.41	297	265
2010	0.54	251	220	0.57	240	209	0.42	294	262	0.39	300	268	0.39	301	269
2011	0.61	238	207	0.64	227	197	0.48	284	252	0.41	305	273	0.45	294	262
2012	0.68	210	182	0.74	176	149	0.52	273	242	0.42	302	270	0.52	276	245
2013	0.69	203	175	0.78	159	132	0.52	273	241	0.42	303	271	0.52	275	243
2014	0.68	205	177	0.80	151	125	0.50	278	246	0.43	298	266	0.53	267	235
2015	0.58	210	182	0.66	155	129	0.41	279	247	0.35	303	271	0.43	274	243
2016	0.64	185	157	0.74	143	118	0.45	272	240	0.40	289	257	0.48	255	223
2017	0.66	177	151	0.77	126	102	0.48	257	225	0.42	280	248	0.52	241	211

(六) 西藏自治區

總體來看，西藏自治區大部分地區在19年間的排名呈先升後降趨勢。在這6個地級市中，林芝市排名非常靠前，在300個一般地級市中大多數年份排名前50位。其次是日喀則市，大部分年份位於150～200名。最後是昌都市、山南市、那曲市和阿里地區，這四者在大部分年份位於200～250名，在300個一般地級行政區中處於較為靠後的位置。見表5-19。

表5-19　西藏自治區地級市發展核算結果

年份	日喀則市 TFP	排名1	排名2	昌都市 TFP	排名1	排名2	林芝市 TFP	排名1	排名2	山南市 TFP	排名1	排名2
1999	0.44	244	212	0.44	243	211	0.93	36	23	0.41	275	243
2000	0.48	213	182	0.48	215	184	1.21	8	5	0.46	232	200
2001	0.49	198	167	0.47	208	177	1.20	8	5	0.46	218	187
2002	0.47	199	168	0.45	214	183	1.08	12	8	0.45	211	180
2003	0.45	205	174	0.41	233	202	0.90	29	16	0.42	226	195
2004	0.54	196	166	0.48	240	209	1.01	22	14	0.49	236	205

表5-19(續)

年份	日喀則市 TFP	排名1	排名2	昌都市 TFP	排名1	排名2	林芝市 TFP	排名1	排名2	山南市 TFP	排名1	排名2
2005	0.51	259	228	0.44	288	256	0.81	88	65	0.44	289	257
2006	0.53	257	226	0.46	288	256	0.83	98	74	0.47	285	253
2007	0.52	265	234	0.44	291	259	0.80	116	92	0.44	293	261
2008	0.54	264	232	0.46	288	256	0.90	107	82	0.47	284	252
2009	0.56	246	214	0.49	275	243	1.02	61	47	0.50	270	238
2010	0.58	235	204	0.50	271	239	1.06	49	38	0.51	269	237
2011	0.62	235	205	0.52	274	242	1.12	54	42	0.54	264	232
2012	0.62	236	206	0.53	268	237	1.15	55	43	0.54	262	231
2013	0.65	222	192	0.55	263	232	1.19	52	39	0.56	255	224
2014	0.65	217	188	0.54	262	231	1.18	57	41	0.56	254	223
2015	0.53	233	202	0.43	273	242	0.93	75	55	0.44	265	234
2016	0.54	236	205	0.44	275	243	0.94	85	63	0.45	273	241
2017	0.51	244	213	0.43	278	246	0.90	90	68	0.43	276	244

年份	阿里地區 TFP	排名1	排名2	那曲市 TFP	排名1	排名2
1999	0.47	227	195	0.40	280	248
2000	0.59	143	114	0.42	258	226
2001	0.61	122	94	0.40	255	223
2002	0.55	147	119	0.40	250	219
2003	0.48	191	162	0.38	257	226
2004	0.54	199	169	0.47	250	218
2005	0.49	268	236	0.46	280	248
2006	0.49	279	247	0.47	282	250
2007	0.44	292	260	0.45	289	257
2008	0.48	280	248	0.46	289	257
2009	0.52	264	232	0.47	281	249

表5-19(續)

年份	阿里地區			那曲市		
	TFP	排名1	排名2	TFP	排名1	排名2
2010	0.53	256	224	0.48	278	246
2011	0.56	260	228	0.49	283	251
2012	0.57	253	222	0.49	284	252
2013	0.59	246	215	0.50	281	249
2014	0.59	249	218	0.50	281	249
2015	0.47	254	223	0.39	284	252
2016	0.47	262	230	0.40	287	255
2017	0.45	271	239	0.38	293	261

(七) 陝西省

總體來看，陝西省大部分地區在19年間的排名呈先升後降趨勢。在這9個地級市中，銅川市和寶雞市排名比較靠中，這兩者在300個一般地級市中排名100～200名。其次是咸陽市和漢中市，這兩者大部分年份位於200～250名。最後是渭南市、延安市、榆林市、安康市和商洛市，這五者大部分年份位於250～300名，在300個一般地級行政區中處於較為靠後的位置。見表5-20。

表5-20 陝西省地級市發展核算結果

年份	銅川市			寶雞市			咸陽市			渭南市			延安市		
	TFP	排名1	排名2	TFP	排名1	排名2	TFP	排名1	排名2	TFP	排名1	排名2	TFP	排名1	排名2
1999	0.51	202	171	0.51	207	176	0.46	235	203	0.36	297	265	0.50	211	180
2000	0.50	206	175	0.53	186	155	0.48	220	189	0.37	289	257	0.51	196	165
2001	0.50	187	156	0.52	181	151	0.50	191	160	0.36	281	249	0.48	204	173
2002	0.46	210	179	0.47	200	169	0.46	206	175	0.33	288	256	0.43	227	196
2003	0.43	216	185	0.45	208	177	0.43	217	186	0.32	284	252	0.40	245	214
2004	0.51	229	198	0.53	206	176	0.51	227	196	0.38	295	263	0.45	263	231
2005	0.59	209	179	0.60	198	168	0.58	219	188	0.42	294	262	0.51	257	226
2006	0.63	208	178	0.62	220	190	0.59	233	202	0.44	296	264	0.52	267	235
2007	0.62	214	184	0.62	209	179	0.57	247	216	0.43	300	268	0.48	279	247

表5-20(續)

年份	銅川市 TFP	排名1	排名2	寶雞市 TFP	排名1	排名2	咸陽市 TFP	排名1	排名2	渭南市 TFP	排名1	排名2	延安市 TFP	排名1	排名2
2008	0.69	187	159	0.66	203	174	0.60	235	204	0.44	296	264	0.50	271	239
2009	0.73	165	137	0.71	176	148	0.61	226	195	0.43	293	261	0.50	268	236
2010	0.65	196	165	0.58	232	201	0.52	265	233	0.37	307	275	0.41	298	266
2011	0.71	194	167	0.61	237	206	0.57	253	222	0.38	310	278	0.42	302	270
2012	0.70	202	174	0.60	245	215	0.53	265	234	0.38	312	280	0.39	310	278
2013	0.74	175	148	0.65	226	196	0.56	258	227	0.39	311	279	0.38	314	282
2014	0.75	168	141	0.65	221	191	0.59	250	219	0.38	312	280	0.37	315	283
2015	0.62	179	151	0.55	219	190	0.49	247	216	0.31	315	283	0.37	318	286
2016	0.64	186	158	0.56	227	198	0.50	251	220	0.31	315	283	0.29	323	291
2017	0.59	212	184	0.51	246	215	0.48	259	227	0.29	321	289	0.28	324	292

年份	漢中市 TFP	排名1	排名2	榆林市 TFP	排名1	排名2	安康市 TFP	排名1	排名2	商洛市 TFP	排名1	排名2
1999	0.43	261	229	0.30	322	290	0.35	300	268	0.33	310	278
2000	0.42	255	223	0.31	314	282	0.36	292	260	0.35	296	264
2001	0.40	257	225	0.30	310	278	0.35	288	256	0.34	294	262
2002	0.36	277	245	0.29	313	281	0.30	307	275	0.31	299	267
2003	0.35	277	245	0.28	310	278	0.29	309	277	0.30	301	269
2004	0.43	276	244	0.34	312	280	0.34	316	284	0.36	305	273
2005	0.50	263	231	0.39	307	275	0.37	315	283	0.40	302	270
2006	0.51	272	240	0.38	318	286	0.38	319	287	0.40	312	280
2007	0.51	273	241	0.35	324	292	0.35	322	290	0.36	320	288
2008	0.52	269	237	0.36	320	288	0.37	315	283	0.37	316	284
2009	0.54	257	225	0.34	319	287	0.37	313	281	0.36	314	282
2010	0.52	262	230	0.29	329	297	0.33	319	287	0.33	318	286
2011	0.56	257	226	0.30	326	294	0.36	317	285	0.36	319	287
2012	0.56	257	226	0.28	328	296	0.37	315	283	0.35	320	288

表 5-20（續）

年份	漢中市 TFP	排名1	排名2	榆林市 TFP	排名1	排名2	安康市 TFP	排名1	排名2	商洛市 TFP	排名1	排名2
2013	0.59	245	214	0.28	327	295	0.40	309	277	0.37	317	285
2014	0.61	236	205	0.29	326	294	0.41	303	271	0.37	316	284
2015	0.51	237	206	0.25	326	294	0.36	299	267	0.32	312	280
2016	0.53	238	207	0.26	326	294	0.38	296	264	0.31	316	284
2017	0.51	247	216	0.26	327	295	0.36	307	275	0.27	325	293

（八）甘肅省

總體來看，甘肅省大部分地區在19年間的排名呈逐漸上升趨勢。在這13個地級市中，金昌市、嘉峪關市和酒泉市排名比較靠前，這三者在300個一般地級市中有部分年份排名前100位。其次是白銀市、張掖市、武威市和平涼市，其中前兩者大部分年份位於150～200名，後兩者也在大部分年份位於200～250名。最後是天水市、慶陽市、定西市、隴南市、臨夏回族自治州和甘南藏族自治州，這六者大部分年份位於250～300名，在300個一般地級行政區中處於較為靠後的位置。見表5-21。

表 5-21 甘肅省地級市發展核算結果

年份	金昌市 TFP	排名1	排名2	白銀市 TFP	排名1	排名2	天水市 TFP	排名1	排名2	嘉峪關市 TFP	排名1	排名2	武威市 TFP	排名1	排名2
1999	0.57	174	144	0.44	242	210	0.31	319	287	0.77	69	49	0.36	292	260
2000	0.65	109	80	0.47	229	197	0.31	315	283	0.86	42	26	0.37	287	255
2001	0.60	125	97	0.44	231	200	0.30	314	282	0.76	54	34	0.36	283	251
2002	0.55	142	114	0.42	239	208	0.29	314	282	0.66	85	60	0.38	263	231
2003	0.56	137	109	0.43	222	191	0.28	312	280	0.60	112	86	0.37	269	237
2004	0.73	87	62	0.55	189	159	0.36	301	269	0.73	88	63	0.46	262	230
2005	0.74	115	88	0.57	223	192	0.40	304	272	0.63	180	150	0.48	275	243
2006	0.92	71	50	0.67	177	148	0.43	301	269	0.76	133	106	0.54	255	224
2007	0.90	76	55	0.65	185	156	0.43	301	269	0.76	142	116	0.52	264	233

表5-21(續)

年份	金昌市 TFP	排名1	排名2	白銀市 TFP	排名1	排名2	天水市 TFP	排名1	排名2	嘉峪關市 TFP	排名1	排名2	武威市 TFP	排名1	排名2
2008	0.88	113	88	0.68	193	164	0.44	298	266	0.78	150	124	0.53	268	236
2009	0.81	137	110	0.62	225	194	0.38	306	274	0.70	178	150	0.48	276	244
2010	1.01	60	46	0.75	150	124	0.42	295	263	0.96	76	60	0.55	248	217
2011	0.96	98	76	0.72	184	157	0.41	304	272	0.93	104	79	0.52	273	241
2012	1.00	91	71	0.74	178	151	0.44	300	268	1.00	94	73	0.53	271	240
2013	1.08	77	60	0.78	156	129	0.41	306	274	1.08	78	61	0.51	279	247
2014	1.08	73	56	0.74	171	144	0.41	305	273	1.19	55	40	0.50	279	247
2015	0.90	85	63	0.63	176	148	0.35	304	272	1.13	34	26	0.42	276	244
2016	0.97	72	54	0.68	170	143	0.38	299	267	1.25	27	20	0.46	271	239
2017	1.07	56	42	0.73	140	115	0.40	288	256	1.38	17	13	0.46	267	235

年份	張掖市 TFP	排名1	排名2	平涼市 TFP	排名1	排名2	酒泉市 TFP	排名1	排名2	慶陽市 TFP	排名1	排名2	定西市 TFP	排名1	排名2
1999	0.48	222	191	0.35	304	272	0.62	136	107	0.32	312	280	0.23	331	299
2000	0.51	197	166	0.34	298	266	0.66	96	69	0.32	307	275	0.22	331	299
2001	0.47	216	185	0.33	297	265	0.65	96	69	0.31	306	274	0.21	331	299
2002	0.44	221	190	0.32	297	265	0.60	111	84	0.29	312	280	0.20	331	299
2003	0.42	230	199	0.31	289	257	0.58	127	100	0.28	313	281	0.20	331	299
2004	0.51	222	191	0.40	284	252	0.72	89	64	0.35	306	274	0.27	331	299
2005	0.52	256	225	0.43	290	258	0.70	150	122	0.37	317	285	0.29	332	300
2006	0.60	225	194	0.48	280	248	0.83	97	73	0.40	310	278	0.30	332	300
2007	0.58	237	206	0.47	284	252	0.79	121	97	0.39	313	281	0.32	330	298
2008	0.59	240	208	0.43	300	268	0.81	136	110	0.37	312	280	0.31	330	298
2009	0.55	253	221	0.42	295	263	0.71	174	146	0.33	321	289	0.27	330	298
2010	0.65	197	166	0.48	277	245	0.89	99	76	0.38	305	273	0.29	328	296
2011	0.69	204	174	0.46	290	258	0.77	162	135	0.36	316	284	0.28	329	297
2012	0.70	196	168	0.46	296	264	0.77	163	136	0.36	317	285	0.27	329	297

表 5-21（續）

年份	張掖市 TFP	排名1	排名2	平涼市 TFP	排名1	排名2	酒泉市 TFP	排名1	排名2	慶陽市 TFP	排名1	排名2	定西市 TFP	排名1	排名2
2013	0.74	180	153	0.46	294	262	0.78	154	127	0.38	315	283	0.27	328	296
2014	0.74	174	147	0.45	287	255	0.77	162	135	0.38	313	281	0.27	328	296
2015	0.64	175	147	0.38	286	254	0.65	171	143	0.32	311	279	0.22	328	296
2016	0.69	165	139	0.41	283	251	0.66	176	149	0.35	309	277	0.24	327	295
2017	0.74	137	112	0.44	275	243	0.71	151	126	0.37	304	272	0.25	328	296

年份	隴南市 TFP	排名1	排名2	臨夏回族自治州 TFP	排名1	排名2	甘南藏族自治州 TFP	排名1	排名2
1999	0.21	332	300	0.25	327	295	0.27	326	294
2000	0.20	332	300	0.24	327	295	0.27	324	292
2001	0.19	332	300	0.24	327	295	0.26	325	293
2002	0.19	332	300	0.25	326	294	0.26	321	289
2003	0.19	332	300	0.24	326	294	0.25	324	292
2004	0.26	332	300	0.31	322	290	0.30	324	292
2005	0.31	328	296	0.33	323	291	0.32	326	294
2006	0.34	325	293	0.36	323	291	0.34	328	296
2007	0.35	325	293	0.33	327	295	0.32	329	297
2008	0.32	326	294	0.34	323	291	0.31	329	297
2009	0.27	331	299	0.30	327	295	0.28	329	297
2010	0.28	331	299	0.34	316	284	0.32	324	292
2011	0.27	331	299	0.34	323	291	0.29	327	295
2012	0.26	330	298	0.33	324	292	0.28	327	295
2013	0.26	329	297	0.35	322	290	0.26	330	298
2014	0.26	329	297	0.34	322	290	0.25	330	298
2015	0.22	329	297	0.29	319	287	0.22	330	298
2016	0.64	186	158	0.56	227	198	0.50	251	220
2017	0.59	212	184	0.51	246	215	0.48	259	227

（九）青海省

總體來看，青海省大部分地區在19年間的排名呈逐漸下降趨勢。在這7個地級市中，海西蒙古族藏族自治州排名非常靠前，始終在300個一般地級市中排名前50位。其次是黃南藏族自治州和海東市，前者在大部分年份位於150～200名，後者也在大部分年份位於150～250名。最後是海北藏族自治州、海南藏族自治州、果洛藏族自治州和玉樹藏族自治州，這四者大部分年份位於250～300名，在300個一般地級行政區中處於較為靠後的位置。見表5-23。

表 5-22　青海省地級市發展核算結果

年份	海東市 TFP	排名1	排名2	海北藏族自治州 TFP	排名1	排名2	黃南藏族自治州 TFP	排名1	排名2	海南藏族自治州 TFP	排名1	排名2
1999	0.44	241	209	0.47	230	198	0.63	129	100	0.42	266	234
2000	0.45	241	209	0.49	211	180	0.56	165	136	0.37	284	252
2001	0.43	238	207	0.46	217	186	0.53	173	144	0.36	284	252
2002	0.41	241	210	0.44	219	188	0.49	182	152	0.33	283	251
2003	0.41	232	201	0.39	254	223	0.44	211	180	0.32	282	250
2004	0.53	209	178	0.47	254	222	0.55	187	157	0.40	287	255
2005	0.57	221	190	0.50	267	235	0.54	246	215	0.39	310	278
2006	0.62	219	189	0.52	266	234	0.51	268	236	0.42	304	272
2007	0.62	212	182	0.51	271	239	0.54	257	226	0.42	303	271
2008	0.68	194	165	0.46	287	255	0.61	231	200	0.42	303	271
2009	0.70	179	151	0.40	301	269	0.47	282	250	0.38	308	276
2010	0.65	200	169	0.38	302	270	0.41	297	265	0.37	309	277
2011	0.72	181	154	0.43	299	267	0.42	300	268	0.39	309	277
2012	0.70	199	171	0.42	304	272	0.40	307	275	0.37	314	282
2013	0.72	189	162	0.44	300	268	0.41	307	275	0.36	320	288
2014	0.73	180	152	0.41	302	270	0.39	309	277	0.35	319	287
2015	0.57	211	183	0.33	310	278	0.31	316	284	0.27	323	291
2016	0.63	189	161	0.35	308	276	0.32	313	281	0.30	321	289
2017	0.70	161	135	0.29	320	288	0.34	310	278	0.30	314	282

表5-22（續）

年份	玉樹藏族自治州 TFP	排名1	排名2	海西蒙古族藏族自治州 TFP	排名1	排名2	果洛藏族自治州 TFP	排名1	排名2
1999	0.34	305	273	1.05	21	13	0.41	273	241
2000	0.33	304	272	1.05	18	12	0.40	271	239
2001	0.32	302	270	0.99	21	13	0.39	267	235
2002	0.31	303	271	0.93	26	14	0.37	274	242
2003	0.30	303	271	0.90	30	17	0.35	276	244
2004	0.36	304	272	1.12	13	8	0.42	282	250
2005	0.38	313	281	1.02	32	22	0.40	301	269
2006	0.39	316	284	1.01	40	28	0.42	303	271
2007	0.38	314	282	1.25	12	8	0.39	312	280
2008	0.37	313	281	1.65	5	4	0.43	302	270
2009	0.35	317	285	1.71	5	3	0.35	315	283
2010	0.32	322	290	1.42	12	6	0.33	317	285
2011	0.28	328	296	1.59	8	5	0.38	311	279
2012	0.23	332	300	1.41	26	17	0.34	323	291
2013	0.23	332	300	1.41	29	20	0.32	324	292
2014	0.23	331	299	1.35	31	22	0.30	325	293
2015	0.20	332	300	1.03	54	40	0.23	327	295
2016	0.22	332	300	1.18	34	25	0.24	328	296
2017	0.23	331	299	1.40	13	9	0.23	329	297

（十）寧夏回族自治區

總體來看，寧夏回族自治區大部分地區在19年間的排名呈先升後降趨勢。在這4個地級市中，石嘴山市和吳忠市排名比較靠中，這兩者在300個一般地級市中大多數年份排名100位。最後是固原市和中衛市，這兩者大部分年份位於250～300名，在300個一般地級行政區中處於較為靠後的位置。見表5-23。

表5-23 寧夏回族自治區地級市發展核算結果

年份	石嘴山市 TFP	排名1	排名2	吳忠市 TFP	排名1	排名2	固原市 TFP	排名1	排名2	中衛市 TFP	排名1	排名2
1999	0.65	115	87	0.63	131	102	0.25	328	296	0.34	307	275
2000	0.65	106	77	0.61	129	100	0.22	330	298	0.33	302	270

表5-23(續)

年份	石嘴山市 TFP	排名1	排名2	吳忠市 TFP	排名1	排名2	固原市 TFP	排名1	排名2	中衛市 TFP	排名1	排名2
2001	0.59	130	102	0.59	133	105	0.23	328	296	0.32	305	273
2002	0.55	143	115	0.57	132	104	0.23	327	295	0.30	305	273
2003	0.59	117	90	0.56	135	107	0.22	328	296	0.30	304	272
2004	0.74	84	59	0.68	112	85	0.28	328	296	0.35	308	276
2005	0.78	103	78	0.75	113	86	0.31	329	297	0.37	316	284
2006	0.81	108	83	0.80	112	87	0.32	331	299	0.38	317	285
2007	0.77	130	106	0.77	138	112	0.32	331	299	0.37	316	284
2008	0.80	140	114	0.79	146	120	0.32	327	295	0.37	317	285
2009	0.83	127	100	0.80	148	120	0.31	325	293	0.37	311	279
2010	0.85	111	86	0.83	120	94	0.30	326	294	0.37	308	276
2011	0.76	163	136	0.84	136	110	0.32	325	293	0.37	312	280
2012	0.79	156	129	0.85	134	108	0.33	325	293	0.35	319	287
2013	0.84	136	111	0.84	138	113	0.32	325	293	0.37	316	284
2014	0.84	134	108	0.84	137	111	0.32	324	292	0.36	318	286
2015	0.79	113	90	0.75	126	102	0.28	321	289	0.32	313	281
2016	0.76	130	106	0.72	148	123	0.30	319	287	0.30	320	288
2017	0.73	143	118	0.68	169	143	0.28	322	290	0.30	317	285

(十一)新疆維吾爾自治區

總體來看，新疆維吾爾自治區大部分地區在19年間的排名呈先降後升趨勢。在這13個地級市中，克拉瑪依市、吐魯番市、昌吉市、哈密市、塔城市和巴音郭楞蒙古族自治州排名非常靠前，其中前三者始終在300個一般地級市中排名前50位，後三者也在大部分年份位於50～100名。其次是阿克蘇市、阿勒泰地區和博爾塔拉蒙古族自治州，這三者在大部分年份位於100～150名。最後是喀什市、和田市、克孜勒蘇柯爾克孜自治州和伊犁哈薩克自治州，前者大部分年份位於200～250名，後三者位於250～300名，在300個一般地級行政區中處於較為靠後的位置。見表5-24。

表 5-24　新疆維吾爾自治區地級市發展核算結果

年份	克拉瑪依市			吐魯番市			哈密市			和田市			阿克蘇市		
	TFP	排名1	排名2	TFP	排名1	排名2	TFP	排名1	排名2	TFP	排名1	排名2	TFP	排名1	排名2
1999	1.95	2	2	0.95	34	21	0.74	77	55	0.32	314	282	0.62	138	109
2000	1.53	3	2	1.43	4	3	0.71	79	54	0.30	318	286	0.56	159	130
2001	1.96	2	2	1.48	3	3	0.71	73	50	0.28	320	288	0.59	131	103
2002	1.75	2	2	1.40	3	3	0.63	99	72	0.27	317	285	0.55	141	113
2003	1.46	2	2	1.39	3	3	0.65	86	63	0.26	318	286	0.57	132	104
2004	1.46	3	3	1.64	2	2	0.86	47	31	0.34	314	282	0.69	110	83
2005	1.25	9	6	1.59	2	2	0.86	74	53	0.36	319	287	0.70	144	117
2006	1.05	34	22	1.56	4	3	0.85	92	69	0.37	320	288	0.68	168	139
2007	1.00	47	31	1.59	3	3	0.90	73	52	0.36	321	289	0.69	166	138
2008	1.20	31	21	1.68	4	3	1.06	55	40	0.36	321	289	0.77	160	133
2009	1.36	23	15	1.60	8	5	1.11	48	36	0.35	316	284	0.82	135	108
2010	1.32	21	14	1.42	15	8	1.05	51	40	0.34	315	283	0.79	137	111
2011	1.30	30	21	1.43	18	11	1.15	46	36	0.35	320	288	0.83	139	113
2012	1.40	28	19	1.48	18	10	1.28	35	26	0.36	318	286	0.87	127	102
2013	1.37	34	25	1.49	18	10	1.34	35	26	0.35	321	289	0.86	130	106
2014	1.34	32	23	1.48	20	13	1.45	24	17	0.35	320	288	0.88	126	102
2015	1.22	23	17	1.36	16	11	1.36	17	12	0.30	317	285	0.79	112	89
2016	1.20	30	23	1.38	18	13	1.40	16	11	0.30	317	285	0.83	112	89
2017	1.14	42	32	1.33	21	16	1.33	22	17	0.29	318	286	0.79	121	97

年份	喀什市			塔城市			阿勒泰地區			克孜勒蘇柯爾克孜自治州			巴音郭楞蒙古族自治州		
	TFP	排名1	排名2	TFP	排名1	排名2	TFP	排名1	排名2	TFP	排名1	排名2	TFP	排名1	排名2
1999	0.45	239	207	0.78	66	47	0.76	70	50	0.34	306	274	1.14	14	8
2000	0.42	257	225	0.70	84	59	0.66	94	67	0.32	313	281	1.07	15	10
2001	0.41	253	221	0.70	76	52	0.67	88	61	0.35	290	258	1.12	12	8

表5-24(續)

年份	喀什市			塔城市			阿勒泰地區			克孜勒蘇柯爾克孜自治州			巴音郭楞蒙古族自治州		
	TFP	排名1	排名2	TFP	排名1	排名2	TFP	排名1	排名2	TFP	排名1	排名2	TFP	排名1	排名2
2002	0.39	257	225	0.64	91	66	0.62	101	74	0.32	292	260	1.04	15	11
2003	0.38	258	227	0.64	88	65	0.62	101	76	0.31	291	259	1.02	15	9
2004	0.47	252	220	0.78	69	48	0.74	83	58	0.43	275	243	1.13	12	7
2005	0.50	262	230	0.79	100	76	0.73	120	93	0.43	291	259	1.09	20	13
2006	0.53	259	228	0.77	125	99	0.74	144	117	0.42	305	273	1.01	45	33
2007	0.62	213	183	0.82	108	84	0.74	145	119	0.42	304	272	1.04	35	23
2008	0.67	199	170	0.96	81	58	0.77	158	131	0.41	307	275	1.16	37	26
2009	0.66	204	175	1.06	54	41	0.78	151	123	0.39	303	271	1.21	39	28
2010	0.61	221	190	1.00	66	51	0.70	172	145	0.38	303	271	1.06	50	39
2011	0.62	234	204	1.08	60	48	0.72	187	160	0.39	308	276	1.04	70	54
2012	0.59	248	218	1.17	49	39	0.74	180	153	0.39	309	277	1.09	66	52
2013	0.60	244	213	1.17	58	44	0.74	174	147	0.40	308	276	1.14	64	49
2014	0.59	247	216	1.20	53	39	0.75	166	139	0.41	306	274	1.13	64	48
2015	0.54	227	196	1.13	33	25	0.72	138	113	0.36	297	265	1.05	48	35
2016	0.56	224	195	1.16	36	26	0.76	131	107	0.38	302	270	1.05	58	43
2017	0.52	240	210	1.09	54	40	0.71	150	125	0.35	308	276	0.99	70	51

年份	昌吉市			博爾塔拉蒙古族自治州			伊犁哈薩克自治州		
	TFP	排名1	排名2	TFP	排名1	排名2	TFP	排名1	排名2
1999	0.99	26	16	0.62	135	106	0.38	289	257
2000	0.86	40	25	0.55	173	143	0.36	291	259
2001	0.89	35	22	0.55	156	127	0.34	291	259
2002	0.81	45	29	0.52	167	138	0.32	294	262
2003	0.76	52	35	0.52	157	129	0.31	290	258
2004	0.93	32	20	0.62	149	122	0.39	292	260
2005	0.95	50	33	0.63	184	154	0.42	296	264
2006	0.94	68	47	0.62	215	185	0.43	300	268

第五章 其他地級行政區全要素生產率比較 133

表5-24（續）

年份	昌吉市 TFP	排名1	排名2	博爾塔拉蒙古族自治州 TFP	排名1	排名2	伊犁哈薩克自治州 TFP	排名1	排名2
2007	1.05	32	20	0.64	198	169	0.44	294	262
2008	1.23	23	16	0.70	179	151	0.46	286	254
2009	1.39	18	12	0.74	161	133	0.47	284	252
2010	1.34	19	12	0.68	184	156	0.45	283	251
2011	1.38	25	16	0.71	191	164	0.44	297	265
2012	1.46	21	13	0.75	171	144	0.46	297	265
2013	1.47	20	12	0.76	167	140	0.48	288	256
2014	1.53	16	10	0.78	157	131	0.45	288	256
2015	1.43	12	8	0.71	141	116	0.40	280	248
2016	1.43	14	9	0.85	106	84	0.42	280	248
2017	1.31	23	18	0.81	110	88	0.40	286	254

四、東北

（一）遼寧省

總體來看，遼寧省大部分地區在19年間的排名呈先升後降趨勢。在這12個地級市中，鞍山市、撫順市、本溪市和遼陽市排名非常靠前，其中前者始終在300個一般地級市中排名前50位，後三者也在大部分年份位於50～100名。其次是丹東市、錦州市、營口市、葫蘆島市和盤錦市，這五者在大部分年份位於50～150名。最後是阜新市、鐵嶺市和朝陽，其中前兩者在大部分年份位於150～200名，後者位於200～250名，在300個一般地級行政區中處於較為靠後的位置。見表5-25。

表5-25　遼寧省地級市發展核算結果

年份	鞍山市 TFP	排名1	排名2	撫順市 TFP	排名1	排名2	本溪市 TFP	排名1	排名2	丹東市 TFP	排名1	排名2
1999	1.07	19	12	0.79	62	44	0.72	85	60	0.63	133	104
2000	0.96	25	15	0.66	97	70	0.67	93	66	0.57	152	123
2001	0.90	33	20	0.64	99	72	0.61	114	86	0.58	142	114

表5-25(續)

年份	鞍山市 TFP	排名1	排名2	撫順市 TFP	排名1	排名2	本溪市 TFP	排名1	排名2	丹東市 TFP	排名1	排名2
2002	0.91	27	15	0.63	97	70	0.60	113	86	0.54	150	122
2003	0.95	22	12	0.66	77	55	0.63	93	70	0.60	111	85
2004	1.21	7	4	0.83	54	37	0.83	52	35	0.77	74	51
2005	1.46	4	3	0.95	48	32	0.96	45	29	0.88	67	46
2006	1.57	3	2	1.01	44	32	0.98	53	36	0.96	61	42
2007	1.59	2	2	1.02	38	26	1.00	44	30	0.95	59	41
2008	1.85	3	2	1.17	35	24	1.12	44	32	1.03	60	44
2009	1.97	2	2	1.26	32	22	1.28	30	20	1.10	49	37
2010	2.18	1	1	1.31	22	15	1.30	25	18	1.11	43	33
2011	2.20	2	2	1.40	22	13	1.40	23	14	1.12	50	39
2012	2.30	2	2	1.48	17	9	1.46	20	12	1.19	47	37
2013	2.20	2	2	1.44	26	17	1.37	33	24	1.11	69	52
2014	2.05	2	2	1.32	35	26	1.27	41	32	1.06	80	63
2015	1.50	8	5	1.00	57	42	0.96	66	49	0.76	124	100
2016	1.39	17	12	0.95	79	58	0.89	96	74	0.76	128	104
2017	1.28	26	20	0.86	99	77	0.79	118	95	0.70	162	136

年份	營口市 TFP	排名1	排名2	阜新市 TFP	排名1	排名2	遼陽市 TFP	排名1	排名2	盤錦市 TFP	排名1	排名2
1999	0.74	78	56	0.40	282	250	0.89	39	26	1.23	7	5
2000	0.65	110	81	0.36	290	258	0.84	47	29	0.93	32	18
2001	0.66	91	64	0.34	295	263	0.75	58	37	0.96	25	15
2002	0.62	104	77	0.35	280	248	0.66	84	59	0.88	34	21
2003	0.66	79	57	0.40	247	216	0.71	59	41	0.78	48	32
2004	0.83	53	36	0.50	234	203	0.88	43	27	0.85	48	32
2005	0.98	42	27	0.56	235	204	1.04	24	16	0.92	56	37
2006	1.06	32	20	0.56	248	217	1.10	28	18	0.92	73	52

表5-25(續)

年份	營口市 TFP	排名1	排名2	阜新市 TFP	排名1	排名2	遼陽市 TFP	排名1	排名2	盤錦市 TFP	排名1	排名2
2007	0.98	52	34	0.59	231	200	1.10	24	17	0.86	91	69
2008	1.08	48	35	0.58	245	213	1.26	21	14	0.89	111	86
2009	1.14	46	34	0.63	220	189	1.37	21	14	0.93	83	62
2010	1.16	36	27	0.64	203	172	1.41	16	9	1.00	62	48
2011	1.15	48	38	0.68	209	179	1.46	17	10	1.07	61	49
2012	1.21	40	30	0.66	226	197	1.42	24	15	1.15	54	42
2013	1.19	55	42	0.64	227	197	1.48	19	11	1.09	73	56
2014	1.07	78	61	0.62	234	203	1.40	30	21	0.98	104	82
2015	0.83	102	80	0.44	270	239	1.07	45	32	0.74	133	109
2016	0.78	122	98	0.40	285	253	1.05	57	42	0.71	150	125
2017	0.72	145	120	0.36	306	274	0.97	74	54	0.65	178	152

年份	朝陽市 TFP	排名1	排名2	葫蘆島市 TFP	排名1	排名2	錦州市 TFP	排名1	排名2	鐵嶺市 TFP	排名1	排名2
1999	0.37	291	259	0.59	155	126	0.63	134	105	0.52	199	168
2000	0.30	319	287	0.52	192	161	0.58	146	117	0.48	218	187
2001	0.29	316	284	0.48	201	170	0.54	161	132	0.43	241	209
2002	0.30	306	274	0.50	179	149	0.53	160	131	0.42	240	209
2003	0.30	298	266	0.55	141	113	0.57	131	103	0.44	210	179
2004	0.39	290	258	0.72	90	65	0.76	75	52	0.61	158	129
2005	0.46	279	247	0.82	81	58	0.90	63	43	0.72	134	107
2006	0.50	274	242	0.88	82	59	0.99	51	35	0.78	124	98
2007	0.51	270	238	0.88	85	63	0.95	61	43	0.76	139	113
2008	0.53	266	234	0.95	84	61	1.06	53	38	0.81	135	109
2009	0.53	259	227	0.97	72	54	1.10	50	38	0.84	126	99
2010	0.54	250	219	1.01	61	47	1.15	39	30	0.81	130	104
2011	0.56	256	225	1.05	68	52	1.20	41	32	0.83	141	115

表5-25（續）

年份	朝陽市			葫蘆島市			錦州市			鐵嶺市		
	TFP	排名1	排名2	TFP	排名1	排名2	TFP	排名1	排名2	TFP	排名1	排名2
2012	0.57	256	225	1.09	68	54	1.23	39	29	0.86	130	104
2013	0.55	264	233	1.01	93	73	1.16	61	47	0.81	144	119
2014	0.50	277	245	0.94	111	89	1.05	81	64	0.76	165	138
2015	0.35	305	273	0.72	139	114	0.79	114	91	0.53	230	199
2016	0.33	311	279	0.75	135	111	0.75	136	112	0.53	241	210
2017	0.32	313	281	0.72	146	121	0.70	157	131	0.48	260	228

（二）吉林省

總體來看，吉林省大部分地區在19年間的排名呈迅速下降趨勢。在這8個地級市中，四平市排名非常靠前，在300個一般地級市中大多數年份排名前50位。其次是吉林市、通化市和白山市，這三者大部分年份位於50～150名。最後是松原市、白城市、遼源市和延邊朝鮮族自治州，這四者大部分年份位於50～200名，在300個一般地級行政區中處於較為靠中的位置。見表5-26。

表5-26　吉林省地級市發展核算結果

年份	吉林市			四平市			遼源市			通化市		
	TFP	排名1	排名2	TFP	排名1	排名2	TFP	排名1	排名2	TFP	排名1	排名2
1999	1.02	23	14	0.71	92	67	0.76	73	53	0.84	54	38
2000	0.98	24	14	0.76	67	45	0.70	83	58	0.85	44	28
2001	1.01	19	12	0.81	46	30	0.70	81	57	0.88	41	27
2002	1.15	11	7	0.83	43	27	0.70	63	43	0.89	32	19
2003	1.19	7	5	0.89	31	18	0.74	54	37	0.91	28	15
2004	1.01	23	15	0.85	51	34	0.67	119	92	0.80	61	41
2005	1.05	23	15	1.02	31	21	0.81	89	66	0.92	60	40
2006	1.05	35	23	1.13	20	13	0.85	91	68	0.96	59	40
2007	1.02	37	25	1.11	23	16	0.82	104	80	0.95	63	44
2008	0.99	71	51	1.09	47	34	0.77	152	126	0.92	95	70

表5-26(續)

年份	吉林市 TFP	排名1	排名2	四平市 TFP	排名1	排名2	遼源市 TFP	排名1	排名2	通化市 TFP	排名1	排名2
2009	0.91	88	66	1.03	59	45	0.72	169	141	0.82	134	107
2010	0.85	109	84	0.98	70	54	0.67	191	162	0.78	140	114
2011	0.90	111	85	1.09	58	46	0.70	197	169	0.83	142	116
2012	0.88	125	100	1.05	78	61	0.67	219	191	0.81	150	123
2013	0.77	163	136	1.00	97	75	0.58	249	218	0.72	187	160
2014	0.90	120	96	1.10	70	54	0.67	206	178	0.82	142	116
2015	0.81	109	87	0.95	69	52	0.60	195	167	0.75	125	101
2016	0.81	118	95	0.92	88	66	0.62	196	168	0.70	160	135
2017	0.76	131	106	0.87	98	76	0.57	218	189	0.64	185	159

年份	松原市 TFP	排名1	排名2	白城市 TFP	排名1	排名2	延邊朝鮮族自治州 TFP	排名1	排名2	白山市 TFP	排名1	排名2
1999	0.71	89	64	0.58	161	132	0.78	67	48	0.92	37	24
2000	0.66	99	72	0.60	135	106	0.78	60	40	0.95	28	16
2001	0.69	84	59	0.58	139	111	0.79	48	31	1.03	16	11
2002	0.71	60	40	0.63	96	69	0.83	44	28	1.04	16	12
2003	0.77	49	33	0.63	94	71	0.84	39	25	1.02	16	10
2004	0.71	93	68	0.62	144	117	0.70	105	79	0.87	46	30
2005	0.86	72	51	0.75	111	84	0.76	109	83	1.01	35	25
2006	0.90	77	55	0.79	118	92	0.77	128	102	1.06	31	19
2007	0.91	71	51	0.79	123	99	0.74	146	120	1.04	34	22
2008	0.86	119	94	0.73	167	140	0.69	188	160	0.94	88	63
2009	0.72	168	140	0.68	193	165	0.63	221	190	0.87	107	84
2010	0.69	178	150	0.69	176	148	0.59	227	196	0.84	114	88
2011	0.70	198	170	0.72	179	152	0.62	233	203	0.90	113	87
2012	0.68	214	186	0.67	218	190	0.62	235	205	0.82	145	118
2013	0.60	242	211	0.63	231	201	0.56	256	225	0.69	199	171

表5-26(續)

年份	松原市			白城市			延邊朝鮮族自治州			白山市		
	TFP	排名1	排名2	TFP	排名1	排名2	TFP	排名1	排名2	TFP	排名1	排名2
2014	0.68	203	175	0.70	195	167	0.65	219	190	0.80	150	124
2015	0.59	197	169	0.60	191	163	0.58	207	179	0.71	142	117
2016	0.59	214	185	0.60	206	178	0.58	216	187	0.74	141	116
2017	0.53	234	204	0.56	222	193	0.55	227	197	0.70	164	138

(三)黑龍江省

總體來看，黑龍江省大部分地區在19年間的排名呈先升後降趨勢。在這12個地級市中，大慶市排名非常靠前，其始終在300個一般地級市中排名前50位。其次是雞西市、牡丹江市、佳木斯市和綏化市，這四者大部分年份位於50～100名。然後是鶴崗市、雙鴨山市、伊春市、七臺河市和大興安嶺地區，這五者大部分年份位於100～150名。最後是齊齊哈爾市和黑河市，這兩者大部分年份位於150～200名，在300個一般地級行政區中處於較為靠中的位置。見表5-27。

表5-27 黑龍江省地級市發展核算結果

年份	齊齊哈爾市			鶴崗市			雙鴨山市			雞西市		
	TFP	排名1	排名2	TFP	排名1	排名2	TFP	排名1	排名2	TFP	排名1	排名2
1999	0.53	191	160	0.69	101	75	0.68	108	81	0.65	119	90
2000	0.52	191	160	0.62	124	95	0.61	126	97	0.67	91	64
2001	0.50	192	161	0.66	94	67	0.63	102	75	0.64	100	73
2002	0.49	187	157	0.67	78	55	0.61	106	79	0.67	77	54
2003	0.49	180	151	0.65	85	62	0.61	105	79	0.72	55	38
2004	0.52	212	181	0.60	161	132	0.63	140	113	0.69	107	81
2005	0.60	207	177	0.69	158	130	0.70	151	123	0.82	84	61
2006	0.65	190	160	0.76	134	107	0.73	148	120	0.87	87	64
2007	0.67	179	150	0.73	150	123	0.76	140	114	0.90	75	54
2008	0.69	185	157	0.70	177	149	0.80	141	115	0.93	92	67
2009	0.66	202	173	0.71	173	145	0.75	157	129	0.93	84	63

表5-27(續)

年份	齊齊哈爾市 TFP	排名1	排名2	鶴崗市 TFP	排名1	排名2	雙鴨山市 TFP	排名1	排名2	雞西市 TFP	排名1	排名2
2010	0.66	193	163	0.72	162	135	0.76	147	121	0.94	82	64
2011	0.71	193	166	0.78	157	130	0.80	150	123	1.01	83	65
2012	0.71	192	165	0.84	141	114	0.84	140	113	1.08	71	56
2013	0.73	184	157	0.73	181	154	0.80	149	123	1.04	85	67
2014	0.72	183	155	0.66	216	187	0.71	188	160	1.02	89	69
2015	0.64	172	144	0.60	190	162	0.65	167	140	0.91	79	58
2016	0.69	167	141	0.62	195	167	0.70	158	133	0.99	68	50
2017	0.70	156	130	0.66	176	150	0.73	141	116	1.02	62	44

年份	伊春市 TFP	排名1	排名2	牡丹江市 TFP	排名1	排名2	佳木斯市 TFP	排名1	排名2	七臺河市 TFP	排名1	排名2
1999	0.70	99	73	0.65	113	85	0.61	150	121	0.64	126	97
2000	0.64	117	88	0.64	112	83	0.54	180	149	0.56	164	135
2001	0.66	89	62	0.64	98	71	0.55	158	129	0.54	167	138
2002	0.68	71	49	0.63	98	71	0.59	119	92	0.61	105	78
2003	0.67	71	49	0.66	80	58	0.58	128	101	0.59	119	92
2004	0.68	115	88	0.70	104	78	0.58	168	138	0.57	176	146
2005	0.73	123	96	0.74	118	91	0.66	168	139	0.64	174	144
2006	0.69	164	135	0.79	115	90	0.74	145	118	0.68	170	141
2007	0.69	170	142	0.82	106	82	0.77	129	105	0.69	168	140
2008	0.71	175	147	0.84	128	103	0.81	134	108	0.79	148	122
2009	0.68	192	164	0.86	118	93	0.80	145	117	0.82	129	102
2010	0.72	166	139	0.80	132	106	0.80	134	108	0.82	125	99
2011	0.72	183	156	0.85	129	103	0.85	130	104	0.84	135	109
2012	0.76	169	142	0.89	122	98	0.90	119	95	0.87	126	101
2013	0.75	170	143	0.90	117	94	0.92	113	90	0.72	185	158
2014	0.67	212	184	0.89	123	99	0.92	113	90	0.73	177	149
2015	0.57	213	185	0.78	117	93	0.82	105	83	0.67	154	128
2016	0.60	204	176	0.83	111	88	0.87	99	77	0.70	155	130
2017	0.63	186	160	0.84	105	83	0.88	93	71	0.74	136	111

表5-27(續)

年份	綏化市 TFP	排名1	排名2	大興安嶺地區 TFP	排名1	排名2	大慶市 TFP	排名1	排名2	黑河市 TFP	排名1	排名2
1999	0.62	141	112	0.71	87	62	1.25	5	3	0.57	172	142
2000	0.57	158	129	0.66	95	68	1.14	11	8	0.54	181	150
2001	0.61	120	92	0.71	75	51	1.17	11	7	0.55	157	128
2002	0.60	108	81	0.70	64	44	1.17	10	6	0.53	157	128
2003	0.59	120	93	0.68	67	45	1.19	8	6	0.52	159	131
2004	0.65	130	103	0.57	177	147	1.04	16	9	0.51	223	192
2005	0.73	128	101	0.61	197	167	1.09	21	14	0.56	232	201
2006	0.76	129	103	0.65	182	152	1.14	19	12	0.64	198	168
2007	0.80	114	90	0.67	180	151	1.17	19	12	0.65	186	157
2008	0.91	99	74	0.70	176	148	1.22	24	17	0.69	190	162
2009	0.86	116	91	0.72	170	142	1.25	35	25	0.67	201	172
2010	0.86	106	81	0.71	169	142	1.17	34	25	0.63	208	177
2011	0.93	105	80	0.79	153	126	1.27	32	23	0.66	219	189
2012	0.96	102	79	0.86	132	106	1.37	30	21	0.69	206	178
2013	1.01	92	72	0.90	120	97	1.45	23	14	0.70	194	167
2014	1.02	90	70	0.92	114	91	1.52	17	11	0.72	181	153
2015	0.90	83	61	0.85	96	74	1.35	18	13	0.65	166	139
2016	0.97	74	55	0.94	83	61	1.44	12	8	0.70	161	136
2017	0.98	72	53	0.99	69	50	1.48	9	6	0.71	149	124

第六章　比較結論及其啟示

通過第三章、第四章、第五章的全要素生產率比較分析，本書得出如下結論：

第一，在省級地區層面，儘管31個省、直轄市和自治區的排名有所變化，但是變化不是很大，從1978—2017年總體來看，全要素生產率相對差距先增後減並不斷縮小。表6-1和圖6-1統計了省級層面31個地區各年全要素生產率的均值與標準差。從數據來看，以北京市各年全要素生產率為1，各省全要素生產率均值從1978年到1997年都在上升，反應了在此期間大部分省份全要素生產率相對於北京市而言有所提升，但是標準差也在增加，表明各省之間差異在擴大。1998年以後，各省全要素生產率均值在下降，表明相對於北京市而言，總體全要素生產率在下降，但是標準差也在減小，跨省差距在縮小。

表6-1　省級全要素生產率均值、標準差與相對重要性

年份	全要素生產率均值	全要素生產率標準差	全要素生產率相對重要性	年份	全要素生產率均值	全要素生產率標準差	全要素生產率相對重要性
1978	0.349	0.308	105.431%	1998	0.847	0.401	59.507%
1979	0.366	0.316	108.816%	1999	0.834	0.393	59.104%
1980	0.379	0.317	107.054%	2000	0.815	0.37	57.386%
1981	0.423	0.338	105.349%	2001	0.815	0.372	56.570%
1982	0.445	0.33	102.719%	2002	0.826	0.383	57.073%
1983	0.42	0.293	97.053%	2003	0.834	0.373	55.239%
1984	0.432	0.275	91.075%	2004	0.886	0.381	52.155%
1985	0.488	0.298	87.537%	2005	0.86	0.371	52.506%
1986	0.533	0.306	84.069%	2006	0.836	0.321	52.310%
1987	0.599	0.321	79.385%	2007	0.806	0.308	51.508%
1988	0.647	0.329	74.848%	2008	0.702	0.269	56.183%

表6-1（續）

年份	全要素生產率均值	全要素生產率標準差	全要素生產率相對重要性	年份	全要素生產率均值	全要素生產率標準差	全要素生產率相對重要性
1989	0.706	0.329	68.369%	2009	0.694	0.265	57.559%
1990	0.722	0.323	67.502%	2010	0.705	0.277	55.950%
1991	0.765	0.33	63.738%	2011	0.699	0.267	57.205%
1992	0.823	0.349	63.181%	2012	0.681	0.268	58.427%
1993	0.844	0.439	63.809%	2013	0.669	0.269	59.611%
1994	0.848	0.444	65.472%	2014	0.662	0.259	61.826%
1995	0.855	0.457	65.563%	2015	0.63	0.254	62.907%
1996	0.875	0.453	63.305%	2016	0.663	0.264	62.083%
1997	0.871	0.424	61.295%	2017	0.671	0.268	63.475%

各年全要素生產率對解釋收入差異的相對重要性按照如下方式計算：

令 R_i^y、R_i^p、R_i^f 依次為任一地區 i 的勞均產出、生產率、綜合要素累積與比較基準地區（北京）的比。兩個地區的勞均產出比值是生產率的相對比值與綜合要素累積相對值的乘積：

$$R_i^y = R_i^p \times R_i^f \tag{6-1}$$

上式取對數：

$$\ln(R_i^y) = \ln(R_i^p) + \ln(R_i^f) \tag{6-2}$$

計算左右兩邊方差得到：

$$Var[\ln(R_i^y)] = Var[\ln(R_i^p)] + Var[\ln(R_i^f)] + 2Cov[\ln(R_i^p), \ln(R_i^f)] \tag{6-3}$$

生產率的相對重要性為：

$$\frac{Var[\ln(R_i^p)] + Cov[\ln(R_i^p), \ln(R_i^f)]}{Var[\ln(R_i^y)]} \tag{6-4}$$

省級層面全要素生產率在解釋收入差距中相對重要性方面見表 6-1 中「全要素生產率相對重要性」列。從計算結果來看，儘管生產率相對重要性總體在下降，但是仍然超過了要素累積的作用。由於生產率的方差大而生產率與人均要素的協方差為負，導致 1978－1982 年生產率相對重要性超過 100%。1983－1988 年全要素生產率相對重要性超過 70%，1989－1997 年降低到 60%～70%，1998－2013 年進一步降至 50%～60%，其中 2007 年最低，此後又再次上升。

图 6-1① 省、直辖市、自治区全要素生产率均值与标准差

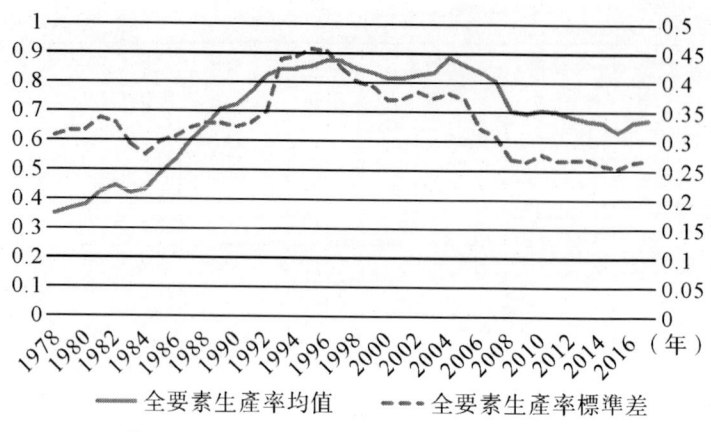

第二，在省会与副省级层面，1999－2017年间，尽管32个地区全要素生产率变化不是很大，但是大多数地区排名波动较大，全要素生产率在解释人均产出贡献中的相对重要性总体在不断增强（见表6-2和图6-2）。各年全要素生产率均值较为接近1，说明平均而言32个地区与成都市较为接近，标准差较小，地区间差异不大。1999－2013年总体平均全要素生产率在上升，但地区间差异也在变大；2014－2017年则相反。

表 6-2 省会与副省级城市全要素生产率均值、标准差与相对重要性

年份	全要素生产率均值	全要素生产率标准差	全要素生产率相对重要性	年份	全要素生产率均值	全要素生产率标准差	全要素生产率相对重要性
1999	0.885	0.228	49.886%	2009	1.095	0.327	58.405%
2000	0.883	0.238	45.946%	2010	1.05	0.309	56.079%
2001	0.854	0.229	47.646%	2011	1.115	0.332	60.987%
2002	0.824	0.242	52.799%	2012	1.153	0.383	67.025%
2003	0.808	0.235	55.366%	2013	1.169	0.391	70.721%
2004	0.882	0.217	48.695%	2014	1.162	0.377	67.921%
2005	0.957	0.226	50.755%	2015	0.993	0.317	66.749%
2006	0.996	0.241	52.257%	2016	1.031	0.327	64.746%
2007	0.985	0.242	53.189%	2017	1.024	0.323	66.803%
2008	1.095	0.328	57.420%				

① 全要素生产率标准差纵坐标在右轴，本章以下各图同。

——全要素生產率均值　---全要素生產率標準差

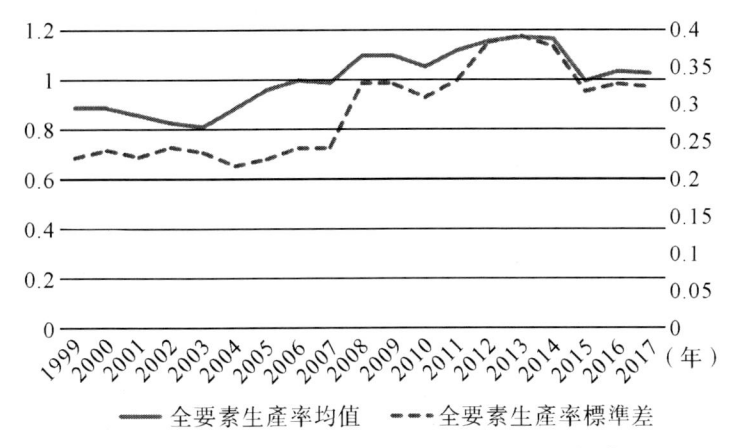

圖 6-2　省會與副省級城市全要素生產率均值與標準差

第三，在一般地級市層面，1999－2017 年間，300 個地區平均全要素生產率先升後降，平均而言地區間差異較小但也是先升後降，部分地區排名波動極大，全要素生產率在解釋人均產出貢獻中的相對重要性先降後升（見表 6-3 和圖 6-3）。各年全要素生產率均值從 2000 年左右的 0.6 以下上升到 2013 年的略高於 0.8，此後下降到 0.7 左右。標準差則從略高於 0.2 上升到 0.35 再下降到 0.3 左右。全要素生產率的相對重要性從 1999 年的 58.635% 下降到 2007 年的略低於 50%，此後直至 2017 年總體一直上升，最終超過 60%。但是，一般地級市全要素生產率作用普遍低於省會與副省級城市。

表 6-3　一般地級市全要素生產率均值、標準差與相對重要性

年份	全要素生產率均值	全要素生產率標準差	全要素生產率相對重要性	年份	全要素生產率均值	全要素生產率標準差	全要素生產率相對重要性
1999	0.589	0.246	58.635%	2009	0.751	0.308	58.233%
2000	0.569	0.234	56.952%	2010	0.735	0.295	55.768%
2001	0.552	0.237	57.555%	2011	0.785	0.322	57.490%
2002	0.534	0.229	57.734%	2012	0.802	0.337	58.270%
2003	0.526	0.223	57.874%	2013	0.808	0.348	60.224%
2004	0.6	0.211	50.750%	2014	0.803	0.352	62.921%
2005	0.668	0.228	50.679%	2015	0.684	0.301	63.668%
2006	0.701	0.235	50.312%	2016	0.711	0.309	62.829%

第六章　比較結論及其啟示

表6-3(續)

年份	全要素生產率均值	全要素生產率標準差	全要素生產率相對重要性	年份	全要素生產率均值	全要素生產率標準差	全要素生產率相對重要性
2007	0.704	0.237	49.275%	2017	0.709	0.311	63.610%
2008	0.753	0.29	54.938%				

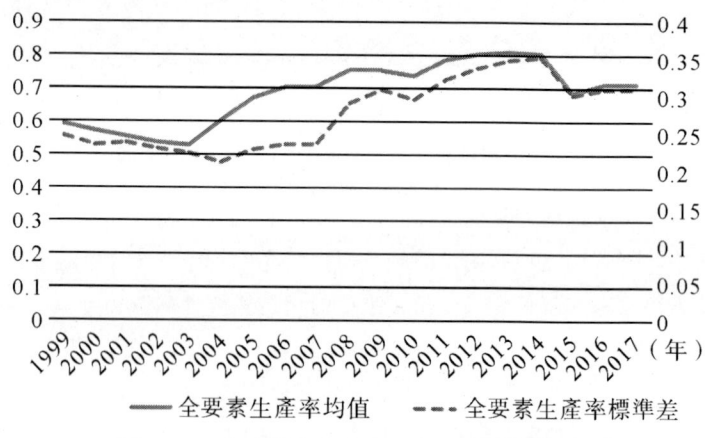

圖 6-3　一般地級市全要素生產率均值與標準差

第四，就四大區域來看，各層次的比較均表明，東部地區全要素生產率平均最高，東北地區次之，中部地區和西部地區較為落後且兩者差不多，但是東北地區全要素生產率近10年來有明顯下降。

參考文獻

[1] 蔡昉.中國的人口紅利還能持續多久[J].經濟學動態，2011（6）：3-7.

[2] 蔡曉陳.中國資本投入：1978－2007[J].管理世界，2009（11）：11-20.

[3] 蔡曉陳.中國二元經濟結構變動與全要素生產率週期性[J].管理世界，2012（6）.

[4] 段文斌，尹向飛.中國全要素生產率研究評述[J].南開經濟研究，2009（2）.

[5] 郭慶旺，賈俊雪.中國全要素生產率的估算[J].經濟研究，2005（6）.

[6] 胡鞍鋼.未來經濟增長取決於全要素生產率提高[J].政策，2003（1）.

[7] 李京文，鐘學義.中國生產率分析前沿[M].北京：社會科學文獻出版社，1998.

[8] 王志剛，龔六堂，陳玉宇.地區間生產效率與全要素生產率增長率分解[J].中國社會科學，2006（2）.

[9] 謝千里，羅斯基，鄭玉歆.改革以來中國工業生產率變動趨勢的估計及其可靠性分析[J].經濟研究，1995（12）.

[10] 易綱，樊綱，李岩.關於中國經濟增長與全要素生產率的理論思考[J].經濟研究，2003（8）.

[11] 張健華，王鵬.中國全要素生產率：基於分省份資本折舊率的再估計[J].管理世界，2012（10）.

[12] 張軍，吳桂英，張吉鵬.中國省際物質資本存量估算：1952—2000[J].經濟研究，2004（10）：35-44.

[13] 鄭京海，劉小玄. 1980－1994 期間中國國有企業的效率、技術進步和最佳實踐 [J]. 經濟學（季刊），2002 (4).

[14] 鄭玉歆，張曉，張思奇. 技術效率、技術進步及其對生產率的貢獻 [J]. 數量經濟技術經濟研究，1995 (12).

[15] D ACEMOGLU. Introduction to Modern Economic Growth [M]. New Jersey: Princeton University Press, 2009.

[16] AGHION PHILLIPPE, PETER HOWITT. The Economics of Growth [M]. Cambridge, MA: MIT Press, 2009.

[17] R BARRO, X SALAIMARTIN. Economic Growth [M]. 2nd Edition. Cambridge, MA: MIT Press, 2004.

[18] A CHARNES, W W COOPER, E RHODES. Measuring the Efficiency of Decision Making Units [J]. European Journal of Operational Research, 1978, 2 (6): 429-444.

[19] E DENSION. Why growth rates differ [M]. Washington D C: Brookings Institute, 1967.

[20] JORGENSON DALE. Productivity, Volume 1: Postwar U. S. Economic Growth [M]. Cambridge, MA: MIT Press, 1995.

[22] S KUZNETS. Modern economic growth, findings and reflections [J]. American Economic Review, 1973 (63): 247 - 258.

[23] 科埃利，等. 效率與生產率分析引論（原書第二版）[M]. 王忠玉，譯. 北京：中國人民大學出版社，2009.

國家圖書館出版品預行編目（CIP）資料

中國地區全要素生產率比較研究 / 蔡曉陳 著. -- 第一版.
-- 臺北市：財經錢線文化, 2020.05
　　面；　公分
POD版

ISBN 978-957-680-415-1(平裝)

1.區域經濟 2.經濟發展 3.比較研究 4.中國

552.2　　　　　　　　　　　　　109005592

書　　名：中國地區全要素生產率比較研究
作　　者：蔡曉陳 著
發 行 人：黃振庭
出 版 者：財經錢線文化事業有限公司
發 行 者：財經錢線文化事業有限公司
E-mail：sonbookservice@gmail.com
粉絲頁：　　　　　　網址：
地　　址：台北市中正區重慶南路一段六十一號八樓 815 室
8F.-815, No.61, Sec. 1, Chongqing S. Rd., Zhongzheng
Dist., Taipei City 100, Taiwan (R.O.C.)
電　　話：(02)2370-3310 傳　真：(02) 2388-1990
總 經 銷：紅螞蟻圖書有限公司
地　　址：台北市內湖區舊宗路二段 121 巷 19 號
電　　話:02-2795-3656 傳真:02-2795-4100　網址：
印　　刷：京峯彩色印刷有限公司（京峰數位）

　本書版權為西南財經大學出版社所有授權崧博出版事業股份有限公司獨家發行電子書及繁體書繁體字版。若有其他相關權利及授權需求請與本公司聯繫。

定　　價：300元
發行日期：2020 年 05 月第一版
◎ 本書以 POD 印製發行